口述档案采集整理实践操作指导手册

A Practical Guide to
Collecting and Organizing Oral Archives

姜素兰　徐　娟　赵永忠　主　编

周　彤　主　审

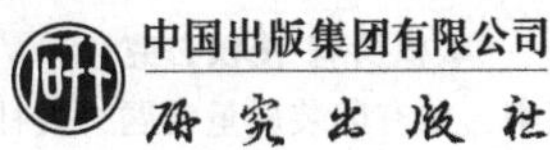

图书在版编目（CIP）数据

口述档案采集整理实践操作指导手册 / 姜素兰等主编. -- 北京 : 研究出版社, 2025. 5. -- ISBN 978-7-5199-1916-0

Ⅰ. G272-62

中国国家版本馆 CIP 数据核字第 2025AA9242 号

出 品 人：陈建军
出版统筹：丁　波
策划编辑：张立明
责任编辑：赖婷婷

口述档案采集整理实践操作指导手册
KOUSHU DANG'AN CAIJI ZHENGLI SHIJIAN CAOZUO ZHIDAO SHOUCE
姜素兰　等 主编
周　彤　主审
研究出版社 出版发行
（100006　北京市东城区灯市口大街 100 号华腾商务楼）
北京建宏印刷有限公司印刷　新华书店经销
2025 年 6 月第 1 版　2025 年 6 月第 1 次印刷
开本：710 毫米×1000 毫米　1/16　印张：9.75
字数：150 千字
ISBN 978 - 7 - 5199 - 1916 - 0　定价：58.00 元
电话：（010）64217619　64217652（发行部）

编　委　会

主　编：姜素兰　徐　娟　赵永忠

副主编：王　岩　张　宇　徐莹钰

主　审：周　彤

序

习近平总书记指出：“文化自信是更基础、更广泛、更深厚的自信，是更基本、更深沉、更持久的力量。”历史的长河奔涌不息，人类文明的传承既依赖于书写的文字，也根植于口耳相传的记忆。口述档案作为历史的“有声见证”，承载着人民记忆与时代精神，以其独特的生命力，成为保存个体记忆、还原历史细节、补全集体叙事的重要载体。

随着科学技术的发展和大众认知的提升，口述档案作为一种新兴的档案形式逐渐进入公众视野，口述档案中所蕴含的独特社会价值受到了越来越多档案学者、历史学者的关注，相关的理论和实践研究逐渐深入。中共中央办公厅、国务院办公厅颁布的《“十四五”全国档案事业发展规划》中提出，“鼓励开展口述材料、新媒体信息的采集”“实施新时代新成就国家记忆工程”，口述档案资源建设也成为以档案部门为代表的各类文化机构的重点工作之一。无论是革命年代的亲历者、改革大潮的奋斗者，还是非遗代表性传承人、基层建设者，他们的记忆与故事都是国家叙事的重要组成部分。科学开展口述档案采集、整理与保存，不仅能弥补官方文献的视角局限，还能为后世研究者留下多维度的历史切片。口述档案在保存社会记忆，传承非物质文化遗产，保护少数民族文化等方面具有其独特的作用与价值，吸引越来越多的档案从业者、文化学者投身口述档案采集与整理工作中。

《口述档案采集整理实践操作指导手册》的出版，是高校档案实务工作者的智慧结晶。期待这本手册成为广大口述档案工作者的案头指南，助力更多历史亲历者的声音被铭记、被传播、被传承，打造“听得见、看得到、触得着”的文化课堂，让口述档案成为承载着个体生命叙事、集体文化基因与时代独特回响的重要载体，为赓续中华文脉、守护人类文明，建设社会主义现代化国家贡献档案力量！

目　录

第一章　口述档案采集与整理概述

第二章　口述档案采集整理的前期规划与设计

第三章　口述档案采集与整理的前期准备

第四章　口述档案采集实施

第五章　口述档案整理与保存

第六章　人工智能对口述档案采集整理的影响

第一章

口述档案采集与整理概述

案例链接

口述档案采集与整理是抢救和保护历史记忆的重要途径，包括明确采集对象、制定采集计划、口述档案采集、采集资料加工整理以及形成档案资料等环节。根据口述档案采集目标、对象、价值等不同，可分为不同类型。

（一）学术研究案例

案例：中国社会科学院“抗战老兵口述史”

内容：采访百余名抗战老兵，记录战争亲历者的微观历史。

特点：注重历史事件细节的交叉验证，档案整理时标注时间线、人物关系图谱。

（二）社区文化案例

案例：台湾“鹿港老街记忆计划”

内容：采集当地老人对传统街区的记忆，形成社区文化档案。

特点：采用方言访谈，后期整理中附注民俗词语解释。

（三）家族史案例

案例：个人家庭口述史“三代人的迁徙故事”

内容：通过祖辈、父辈口述，还原家族百年迁移轨迹。

特点：结合老照片、书信等实物档案，形成多媒体记录。

（四）少数民族历史档案

案例：云南《少数民族口述历史档案研究》

内容：以云南省少数民族口述历史档案抢救保护试点工作为例，论述少数民族口述历史档案抢救保护及其资源建设问题。

特点：通过口述历史档案专题研究的形式，记录云南各少数民族中白族、哈尼族、傈僳族、佤族、壮族、羌族口述历史档案。结合实践进行理论研究，形成专著成果。

知识要点

一、什么是口述档案

塞内加尔档案学者萨利乌·姆贝伊（Saliu Mbei）在第十一届国际档案大会上正式使用“口述档案”（Archives orales）一词，并就如何对其进行收集、整理、鉴定、编目、著录和保护提出了自己的意见，认为“口述史的查访结果和口头传说汇集成了口述档案”，其范畴包括“演讲、讲座录音、辩论、圆桌会议录音、广播电视、记录在录音电话机上的通信和指示，以及合唱和独唱的录音等”。口述历史作为故事的主线，具有重要的凭证价值和参考价值，因此，口述历史与档案工作紧密相连。20世纪七八十年代，一些国家的档案馆开始进行口述历史的采访和搜集工作，在国际上引起了较大反响，口述档案也应运而生。

在我国，因为学者研究背景、研究对象和研究方式等方面的差异，对“口述档案”尚未形成较为权威、统一的定义。从口述档案与社会记忆的关系出发，口述档案可以定义为：以抢救和保护历史记忆为目的而存在的原始记录。从狭义上来说，口述档案是口述史和口头传说调查的结果，表现形式通常为录音磁带、录像及解释说明的文字信息；从广义上来说，包括新闻采访、会议的录音等一切有保存价值的记录。

一直以来，档案学者在对“口述档案”这一名词的表述中存在一些分歧，大体上有“口述史”“口述史料”“口述资料”“口头证据”“活历史”“活资料”等称呼。直至1984年，国际档案理事会将“口述档案”一词添加至《档案术语词典》，“口述档案”这一名词才被广泛传播。这些称呼从本质上来讲都与“Oral History”相同，都包含了口述过程中形成的音/视频、手写记录以及后期转录形成的文字材料、照片等内容，故在指导手册中不再进行区分，统称为“口述档案”。口述档案是指通过有计划的访谈，对事件当事人、见证者或相关者进行采访，将其保存在大脑中的个人记忆转换为文字、音频、视频或其他形式的记录材料，并经过规范整理后形成的具有保存价值的档案集合体。其核心在于抢救和保护历史记忆，弥补传统文字档案的不足。它是联系个人记忆和社会记忆的桥梁，具有重要的保存价值，能够补充历史文献记录，构建社会记忆。

口述档案采集是指通过系统化的访谈，收集与特定主题或事件相关的口述资料的过程。口述档案采集旨在抢救和保护珍贵的历史记忆，弥补传统档案记录的不足，为历史研究和社会记忆提供多元视角。采集对象包括事件的当事人、见证者、亲历者或知情者，如历史事件的参与者、非物质文化遗产的传承人、社区长者等。口述档案采集主要通过录音、录像、文字记录等方式，对采集对象进行访谈，记录其口述内容。采集过程包括前期准备（如选择采集对象、拟定访谈提纲、制定采集计划）、访谈实施（如访谈技巧的运用、现场记录）以及采集资料的加工整理。口述档案采集过程中应尊重口述者的意愿，确保口述内容的真实性，同时注意保护口述者的隐私等权益。

口述档案采集整理的基本流程如图1–1所示。

选题定位 → 受访者筛选 → 预访谈调研 → 正式采集 → 加工整理 → 归档保存

图 1–1　口述档案采集整理基本流程

口述档案的整理是对采集得到的口述音频、视频等材料进行整理，转录形成口述访谈文稿，并经过审核确认、校对印证、归档保存等环节，最终形成口述档案的一系列过程。口述档案的整理应以每位受访人物为一个立卷单位，对采集到的录音、录像以及后期转录整理得到的访谈稿、信息采集表等形式的档案材料进行整理，使其内容完整有序，能够直接为社会公众提供文化服务。

二、口述档案的特点

1. 稀缺性

口述档案的形成依赖于亲历者的记忆，而随着时间的推移，亲历者逐渐减少，其记忆也会因年龄、健康等变得模糊甚至消失。因此，口述档案具有明显的稀缺性，抢救工作在采集工作中显得尤为重要。例如，红色口述档案的采集工作强调了档案的稀缺性和工作的紧迫性，因为许多老一辈革命家和亲历者年事已高，相关记忆亟待保存。口述档案采集与整理是对即将消失的历史记忆的抢救性工作，尤其是针对年事已高的亲历者、濒危的非物质文化遗产等。

2. 事后形成

口述档案并非事件发生时直接形成的原始记录，不与真实历史同步产生，而是采集单位事后有针对性地对事件相关者进行口述材料采集并整理得到的。从来源和形成过程来看，口述档案来源于事件相关者的记忆，是由口述者个人脑海中输出的记忆整理得来，“真实的历史”和“真实的记忆”之间存在一定的时间或空间距离。因而，口述档案具有非常明显的“事后形成”的特点。口述档案采集与整理过程需要遵循科学的方法和规范，确保口述档案的可用性。

3. 生动性

与传统纸质档案不同，口述档案综合了传统的笔录等记录形式，结合现代科技手段，采用了音频录制、视频拍摄的方法，记录采集对象的口述回忆，是更有感情色彩的影音化记录。声像化记录方式使事件描述更加鲜活，娓娓道来、“口口相传”的叙述方式也使历史事件更加生动。但是口述档案是当事人对历史事件的主观再表述，由于口述主体是历史事件当事人、见证人，采集过程中难免带有主观意愿、个人情绪或看法，口述内容能反映一定历史事实，但不能将口述档案作为反映过往的唯一凭证。

4. 多元性

口述档案采集从个人视角出发，由于采集对象广泛，内容更加丰富多元。口述档案采集内容能够弥补传统档案的不足，为历史研究提供多元化的视角和丰富的细节。由于不同个体对同一事件的回忆可能存在差异，因此需要进行多方面印证和比对，同时采集过程中应尊重个体差异。

5. 佐证性

受战争、档案保存条件等复杂因素的影响，现存档案资料不足以满足对历史考察借鉴的需要，传统文献的缺乏导致某些历史事件无从考察。开展口述档案采集，通过亲历者的口述，能够在一定程度上还原该段历史。记忆不能等同于历史，不必苛求口述档案相较于其他类型档案的原始记录性，但毋庸置疑，口述档案作为佐证材料同样具有保存研究价值。

口述档案采集与整理是一项系统性的工作，涵盖了从采集对象的选择、访谈的实施到资料的整理、保存和利用的全过程。

其核心在于通过科学、规范的方法，抢救和保护珍贵的历史记忆，为历史研究、文化传承和社会记忆的构建提供重要支持。采集与整理过程需要遵循科学的方法和规范，方能确保口述档案的真实性和可用性。

三、口述档案的价值

1. 历史研究价值

口述档案能够补充历史记录，从个人视角弥补传统文字档案的不足，尤其是对于那些缺乏文字记录或档案损毁的历史事件，口述档案可以提供第一手细节资料。口述档案记录了不同阶层、不同群体的亲身经历和感受，能够从多角度反映历史事件的全貌，为历史研究提供更全面的视角。通过口述档案与其他档案资料的交叉印证，可以帮助研究者更准确地还原历史。

2. 文化传承价值

口述档案记录了不同地域、不同民族的文化特色，有助于保护和弘扬文化多样性。许多传统文化、民俗、技艺和少数民族文化以口口相传的方式传承，口述档案的采集能够为这些文化提供保存和传承的机会，保护非物质文化遗产。口述档案是连接个人记忆与社会记忆的桥梁，通过记录和保存个体的记忆，能够增强社会的集体记忆，帮助不同群体建立身份认同感，增强社会凝聚力。

3. 教育人文价值

口述档案以真实、生动的方式呈现历史事件，能够激发学习者的兴趣，增强教育的感染力，是生动的教育资源。红色口述档案资源能够传承革命精神、爱国主义精神，成为思想政治教育的重要素材。口述档案不仅记录事件，还记录了亲历者的情感、态度和价值观，能够展现人性的光辉。

4. 法律与证据价值

经过验证的口述档案可以作为法律诉讼中的视听资料证据，具有一定的法律效力。口述档案能够弥补传统档案的不足，增强档案资源的完整性和可信度。

5. 经济发展价值

口述档案作为文化资源的一部分，可以通过编研、开发和利用，形成具有经济价值的文化产品，如影视作品、文学作品等。口述档案的开发可以带动相关文化产业的发展，促进文化消费。

总之，口述档案的价值不仅体现在其对历史研究的支持上，还在于其对文化传承、教育、法律、社会记忆和经济发展的多方面贡献。它不仅是历史的补充，更是社会记忆的重要载体，具有不可替代的作用。

四、口述档案采集与整理基本流程

1. 确定采集主题

口述档案的采集范围应聚焦于对国家、民族、集体或个人具有重要历史价值和研究价值的重大历史事件及重要活动。优先以亲历者年事已高、发生时间久远的事件为采集主题，进行抢救性采集。

2. 确定口述对象

在确定采集主题后，优先选择身体状况良好且记忆清晰的事件亲历者作为口述对象。与口述对象建立信任关系，确保口述调查的质量。

3. 拟定访谈提纲

全面梳理与采集主题相关的资料，包括事件、人物、历史背景等，增强采集的针对性和准确性。访谈提纲应涵盖关键问题，引导口述者回忆重要细节。

4. 开展实地访谈

访谈过程中，注意访谈技巧与方法，确保录制真实、完整，尊重口述者意愿。对相关领域的专用名词进行标识，挖掘事实真相。

5. 做好口述记录

详细记录访谈的时间、地点、采访者及受访对象的基本情况。遵循口述材料采集协议书，确保操作的规范性。

6. 口述档案的整理

对采访形成的实物和声像资料进行分类鉴定，形成明确的纸质说明材料。对录音、录像等声像材料进行文字转换，分类整理成文字材料。将整理后的资料与已有的历史档案进行比对核实，同时请受访者审阅并签字确认，档案部门存档。

通过上述流程，档案工作者可以高效、规范地开展口述档案的采集与整理工作，为历史研究和社会记忆的传承提供有力支持。

实操指导

✧ 口述档案分类

口述档案的分类是确保其有效管理和利用的关键环节，根据内容属性、主题特征、形式载体等维度建立口述档案分类体系。按照口述档案主题内容分类，如历史事件类口述档案，包括记录战争、自然灾害等重大历史事件；记录城市化进程、经济改革、文化转型等内容的社会变迁；记录工业、农业、教育、医疗等领域的发展历程的行业记忆等。人物传记类口述档案，包括记录政治家、科学家、艺术家等公众人物的生平的名人访谈以及记录工人、农民工、快递员、移民等群体生活史的普通个体记忆。文化传承类口述档案，包括传统技艺、民俗活动、方言、口述文学等非物质文化遗产记忆和以村落历史、家族谱系、民间传说等为主的地方记忆。

按形式载体分类，包括：音/视频档案，如原始录音、录像文件（如访谈录音、纪录片素材）；剪辑后的成品（如专题片、口述历史纪录片）。文字档案是以逐字转录为主，进行基本加工，保留受访者语言风格的口述文稿；进行深度加工、提炼核心内容的摘要整理稿；结合图片、手稿、实物照片等多媒体资料形成的复合型档案。

按受访者身份分类，包括：事件亲历者，指直接参与或见证历史事件的个体，如抗战老兵；非物质文化遗产代表性传承人、民间艺人等文化载体传承者；对历史事件进行解读、分析的专家、学者。

按照应用场景分类，包括：学术研究型，强调原始性和完整性，用于历史学、人类学等学科研究；教育传播型，通过剪辑成为教学视频、展览素材，侧重于故事性和感染力；文化保护型，如针对濒危文化（如少数民族语言）的抢救性记录。

按档案开放权限分类，包括：无隐私限制，可向社会公开的档案，如已故名人访谈；涉及隐私或敏感内容，需授权访问的限制性档案；根据协议设定保密期限（如“20年后公开”）的阶段性开放档案。

✧ 口述档案采集原则

1.真实性原则

客观记录受访者的叙述，避免诱导性提问或主观臆断；通过与文献、实物等资料交叉比对和验证，确保口述内容的准确性；使用专业录音、录像设备，确保音/视频清晰可溯。

2. 伦理规范性原则

首先，明确告知受访者口述材料采集的目的、用途及个人权利，签署授权协议，保证受访者知情，并获得受访者同意；其次，对涉及个人隐私或敏感的内容进行脱敏处理，必要时匿名保存，保护口述者隐私权；最后，尊重受访者意愿，允许受访者对内容提出修改或撤回部分内容。

3. 系统性原则

聚焦口述访谈主题，围绕特定历史事件、人物或文化主题设计访谈提纲。根据采集选题，选择不同身份的受访者，如亲历者、见证者、研究者，保证样本多样性。在口述访谈记录时，同步记录访谈环境、受访者状态等背景信息。

4. 技术规范性原则

口述材料采集成果采用标准化音/视频格式（如WAV、MP4），格式统一，避免压缩损失。元数据标注时要记录访谈时间、地点、受访者身份、设备参数等内容。

✧ 口述档案整理原则

1.完整性原则

采集资料整理时要保存原始音/视频、文字转录稿、照片、授权文件等，保存全要素的整套资料。在整理过程中将口述档案与相关文献、实物档案进行关联性整理。

2. 可读性原则

对口述档案音/视频转录文字进行整理时，首先要逐字转录音/视频内容，保留方言、语气词等语言特色。同时要对啰唆、重复、偏离主题的内容进行删减，对模糊表述、专业术语等进行注释补充，便于后续利用。

3. 长期保存原则

原始数据采用多载体备份保存，如本地服务器、异地备份、离线存储介质等。根据技术发展更新存储介质，定期迁移，避免格式过时导致数据丢失。

4. 开放共享原则

根据隐私协议设置访问权限，分级开放，如内容公开、馆内查阅、授权访问等。建立口述档案数据库，支持关键词检索、片段截取等功能，为数字化利用奠定基础。

案例：某市档案馆启动“红色记忆工程”，计划采集20名参与重大历史事件的老党员的回忆，用于党史教育与档案留存。

1. 前期准备环节与要点

确定主题→筛选受访者→制定访谈计划→签署授权协议

梳理访谈主题与拟实现的访谈目标，明确访谈主题，开展背景调研，查阅相关文献、档案，梳理主题相关内容。制定访谈计划，根据访谈主题，如“解放战争中的基层动员”，拟定开放式问题清单，避免诱导性提问。

筛选确定访谈对象。优先选择身体健康、思维清晰、参与重大历史事件的老党员，如抗美援朝、解放战争、改革开放等的亲历者。排除健康状态不稳定或记忆严重衰退者，可通过其家属或社区了解健康情况。查找重要人物的履历与历史事件的关联性，如参加某次战役等。

设备与团队。配备专业录音、录像、拍照等设备，项目团队需有档案学、历史学专业背景人员参与内容的比对核实，还可配备心理辅导人员以应对受访者的情绪波动，访谈对象若为高龄老人，可根据需要配备医务人员。

伦理协议签署。明确访谈内容用途是仅限于存档还是可以公开，妥善保护受访者的隐私权，对敏感内容可匿名化处理。

2. 采集实施环节与要点

现场访谈（录音/录像/拍照）→记录背景信息→初步整理原始资料

访谈过程中可以通过引导式提问，从生活细节切入，如“您参军时的第一顿饭是什么？”等，逐步过渡到历史事件。对同一事件多角度提问，如时间、地点、人物关系等，进行交叉验证，后期整理时可以结合文献记录进行比对。同步收集老党员保存的实物，如勋章、日记、照片等辅助材料，作为口述内容的佐证。

3. 整理保存环节与要点

转录与校对→分类编码→元数据标注→关联其他档案

转录与校对。逐字转录录音，保留方言、语气词（如“俺们当年……”），由受访者或其家属确认与口述内容一致。重大历史事件的时间、地点、相关人物等，与已有文献、档案、历史资料等进行比对校正。

元数据标注时需要标注时间、地点、事件关键词以及关联档案，如某战役的作战地图。采用长期保存格式（如WAV音频、TIFF图像）进行数字化存储，建立多副本备份机制。确保口述内容政治方向正确，表述合规，符合相关文件要求。

总之，在口述档案采集整理过程中，应遵守《中华人民共和国档案法》《中华人民共和国个人信息保护法》等法律法规，避免过度依赖口述内容，需要将口述档案与文献档案进行比对。规范化的口述档案采集与整理，有助于非遗技艺、方言、民俗等濒危文化记忆的保存与传承，相关资料可用于展览、纪录片制作、课程开发，增强文化认同感。口述档案可成为动态、多维的历史资源库，为学术研究、文化传播和社会教育提供鲜活素材，填补文献档案的空白，还原历史细节。

第二章

口述档案采集整理的前期规划与设计

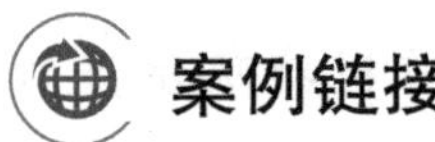

案例链接

2020年新春，新冠疫情肆虐，举国上下积极应对。档案工作者通过口述档案采集整理的方式留存社会记忆，铭记这段共同战“疫”的历程。

案例1：河北省档案馆充分发挥档案工作存史、资政、育人作用，积极投身到新冠疫情防控档案的征集、接收和开发工作之中。在明确抗疫口述档案采集的选题方向后，充分考虑口述档案的价值和意义，通盘设计口述档案的采集对象，以保证口述档案的全面完整性和可借鉴性。选取采集对象时，横向上照顾了援鄂对象医疗领域的不同和行业与服务区域的差异；纵向上兼顾了市、县、区等各个层级；采访对象男女比例均衡、层级均衡、医院分配采访名额均衡。河北省档案馆在最短时间内，利用新媒体与传统媒介相结合的方式，积极进行口述档案的社会宣传工作，推出众多以此次抗疫人员口述档案为主题的报道，宣传效果遍地开花，使此次采集资料的利用实现最大化：策划抗疫人员口述档案专题报道，在河北新闻网、河北档案馆网、河北摄影家协会微信公众号和河北省档案馆微信公众号“冀小兰”同步推出“最美的天使——战‘疫’档案记录”专栏，进行成体系、连续性报道；利用口述档案采集素材，与媒体平台合作制作，利用云平台发布线上公开课“时代英雄——小康建设路上的守护者”；将口述档案资料汇编成书，制作《河北援鄂医疗队抗疫档案记录》画册，分为“河北援鄂医疗队图片集锦”“河北援鄂医疗队抗疫口述档案”“英雄榜”三部分内容。2020 年国际档案日来临之际，河北省档案馆举办图册见面会，部分中央和省级媒体参会，扩大了宣传范围。

案例2：自广东援鄂医疗队归穗后，广州市档案馆立即启动了“口述历史——抗疫战士”记忆工程，用口述历史的方式记录一线抗疫战士援鄂的英雄历程。在开展记忆工程工作中，广州市档案馆依靠在声像档案拍摄制作领域的突出优势，积极拓宽工作思路，形成了以点带面、辐射带动、融合共建的工作格局。在采访录制过程中，广州市档案馆工作人员与采访对象进行了真诚细致的沟通交流，为采访对象提供了周到贴心的录制服务，由此带动采访对象积极向档案部门捐赠疫情防控档案。同时，广州市档案馆主动与粤港澳大湾区八个兄弟城市的档案部门沟通联系，邀请当地组织一线医疗队员到广州进行口述历史的采集录制，并以此为切入点，深化大湾区内各档案馆的交流合作，得到兄弟城市档案部门的积极响应。在持续做好抗疫口述档案采集的基础上，广州市档案馆还建立疫情防控档案资料专题数据库，积极与广州市卫健委等单位筹划举办广州市抗击新冠疫情档案专题展览，编辑出版广州市抗击新冠疫情专题辑录，深入挖掘疫情防控档案背后的故事，以档案展览、展播及编研出版等一系列方式，为世人讲述“有温度有情怀有感动”的抗疫故事。

知识要点

口述档案采集的前期规划与设计是确保项目科学性、规范性和成果价值的关键阶段。需从选题策划、受访人筛选、法律伦理准备、团队组建、技术保障等多维度系统设计，形成可操作的实施方案。

一、选题策划与价值评估

口述档案采集工作是围绕一个主题进行的有目标的采集活动，其主题选定是否恰当直接影响后期口述档案能否为社会实践活动提供帮助。

1. 四维评估法

四维评估法的来源可以追溯到20世纪70年代，由美国著名的管理学家、波士顿咨询公司创始人布鲁斯·亨德森（Bruce Henderson）提出，也被称为波士顿矩阵法（BCG）、四象限分析法，通过销售增长率及市场占有率来评价不同类型的产品。

在口述档案采集的前期准备过程中，主要可以从选题目的与访谈资源可获得性两个维度进行综合考量。在界定选题范围时，可以根据口述档案采集目标历史传承、文化研究、社会记忆保存等，明确需要覆盖的领域边界及核心主题。实践操作中可以通过整合现有档案资源、历史数据及关联研究成果，识别未被记录的空白领域。

在访谈资源可获得性方面，主要包括研究性口述和抢救性口述两大维度。在策划确定选题时，需要对口述者和口述对象进行分析，包括口述者的身份背景、事件的历史意义、地域文化特性等要素，同时评估受访者数量、地域分布及合作意愿，如援鄂医疗队成员的可接触性。重点从学术价值、社会影响力和技术可行性三个层面建立评估矩阵，尤其要关注稀缺性、抢救性内容。

在价值评估方面，重点关注口述档案采集成果的转化潜力，提前预设成果形式，如展览、出版物、数据库等，确保项目的可持续性。如前所述，河北省档案馆选择抗疫主题，填补了官方档案中个体视角的缺失，并通过画册、线上课程等形式实现成果转化。

2. 主题细化与边界界定

在确定访谈主题与方向后，需要进一步明确采集范围，进行主题细化，如“中关村创新创业口述史”确定访谈主题后，需要进一步明确访谈内容的时间范围，可以根据中关村创新创业的发展阶段，分为电子一条街时期、北京市新技术产业开发试验区时期、中关村科技园区时期和中关村国家自主创新示范区时期。在抗疫主题访谈中，需要具体访谈援鄂医疗队工作细节而非泛泛的抗疫经历，进一步确定访谈时间边界。

总体来说，在确定访谈主题后，可以进一步进行主题细化，通过时空坐标法确定时间边界、空间边界、内容边界、伦理边界等。例如，在《口述史料采集与管理规范》（DA/T 59—2017）中提到，要有计划、有重点地确定采集主题亲历者年事已高的重大历史事件可优先确定为采集主题。在红色口述档案采集实践中，重点聚焦红色主题，突出政治性，如聚焦党的精神谱系、地方革命实践等，体现政治性与历史传承价值。在主题细化与边界界定时，可以按时间维度划分历史阶段或事件节点；按群体维度区分不同角色或职业背景等，如领导者、普通参与者。

二、受访人筛选与建档系统

1. 关键人定位模型

口述档案采集涉及的人员情况往往比较复杂，人选筛选是一项较为庞大的工程。为提高采集效率，收集到更多、更有价值的内容，受访对象优先选择完整经历事件的直接相关人员。由于一些事件发生在特定的社会环境及时代背景下，访谈对象尽量选择在该领域具有代表性和有影响力的人物。根据人员与事件的关联程度，可以分为如下类别。

（1）核心事件参与者，即直接参与关键行动的人员等。

（2）边缘见证者，即间接接触事件的群体，如医疗物资运输司机、社区志愿者。

（3）文化传承者，即承载特殊记忆的个体。如广州市档案馆联合粤港澳大湾区八个城市的档案馆进行抗疫口述历史的采集录制，覆盖不同层级、岗位的抗疫人员，构建多维记忆链。

2. 样本代表性设计

如何设计受访样本就是怎么选择人，确保样本有代表性和权威性。考虑因素通常包括：核心人物的选择、多样化的群体覆盖、样本的筛选标准。首先，核心人物方面，优先选择事件的直接领导者或主要参与者；多样化的群体覆盖是指要多角度还原事件，可以考虑不同职业背景、普通参与者；样本筛选标准需要考虑年龄、健康状况、表达能力等情况，优先选择记忆清晰、表达流畅的人。此外，预访谈机制也非常重要，在正式访谈前，进行简短交流，能够评估对方的记忆准确度与配合度，避免无效样本。样本数量通常根据项目目标确定，重大主题可能需要10—20人，甚至更多，普通主题5—10人。

以河北省档案馆疫情防控口述档案采集中的受访者为例，横向按职业角色分类，覆盖医生、护士、后勤人员；纵向兼顾决策层（如卫健委工作人员）、执行层（如医院管理者）、一线人员（包括医生、护士）。此外，还兼顾人口学平衡，在性别、年龄、服务区域方面保持相对均衡分布。

三、口述档案采集的法律确权

口述档案在采集、整理，以及后期传播利用的整个过程中涉及的主体主要有四个，分别是以受访者及其家属为代表的口述档案材料提供者、口述档案采集单位、口述档案采集整理工作团队、口述档案利用者。不同采集模式涉及的主体不尽相同，例如在自采的采集模式中口述档案的采集单位和工作团队可为同一方。在口述档案相关的四个主体当中，受访者为口述档案材料提供者，采集单位为口述档案采集整理工作的发起者和主要责任者，工作团队为提供采集整理工作的具体执行者，三者共同完成了口述档案采集整理的相关工作，采集单位和口述者在口述档案著作权归属问题上存在直接的联系。

采集单位也能充分利用口述档案为公众提供更好的服务，为避免侵犯受访者的合法权益，采集单位与受访者及其家属确认好口述档案的著作权归属问题和利用范围十分必要。采集单位和受访者可以采用签署法律确权协议书的方式，协议中明确双方的责任和义务，受访者有疑问的地方采集单位应及时进行解释，也可以协商或修改。一般来说，法律确权书应当包含以下内容。

1. 受访者签字确认同意接受口述档案采集活动，同意采集全程录音录像等。

2. 受访者对口述档案内容具有知情权和确认权。在口述档案整理的过程中，工作团队应当与受访者时刻保持联系，口述材料内容整理完毕，所有材料应当在第一时间交由受访者过目，采集团队对于受访者提出的要求应当尽量满足，待受访者对口述档案内容表示完全同意后，方可开展后续的归档利用工作。

3. 口述档案著作权归属。部分学者认为口述档案是由采集单位和受访者共同完成，双方共同享有著作权；也有一部分学者认为口述档案属于受访者的智力成果，受访者享有全部著作权。为了避免受访者和采集单位在工作后期因著作权归属问题产生纠纷，采集单位应当在采集工作正式开展前制定法律确权协议书，提前与受访者做好沟通协商，让受访者充分了解口述档案相关责任方的权利和义务，沟通签订协议。

4. 口述档案的公开利用问题。口述档案当中包含了大量受访者的个人隐私，为保护受访者的隐私权，口述档案法律确权书中应当明确口述档案公开利用时的各方面限制条件。口述档案的公开内容和利用形式，例如放映、文字发行出版、展览、相关网络平台传播等，应在法律确权书上清楚说明。此外口述内容在整理完成后应交由受访者确认，所有材料征得受访者同意方可对外提供开放利用服务。

口述档案采集知情同意书如表2–1所示。

表2-1　口述档案采集知情同意书样表

口述档案采集知情同意书

项目名称：×××

项目概述：计划开展关于××主题的口述档案采集工作，通过您的口述，旨在记录××历史事件（具体说明采集目标）。因为××××，邀请您作为受访对象，感谢您的支持！

<table>
<tr><td rowspan="3">采集内容与方式</td><td>采集形式</td><td>□ 音频录制</td><td>□ 视频录制</td><td>□ 文字记录</td></tr>
<tr><td>采集内容</td><td colspan="3">围绕××主题进行访谈，预计时长×小时（分钟）</td></tr>
<tr><td>数据用途</td><td>学术研究</td><td>档案保存</td><td>公共文化传播（如展览、出版物等）</td></tr>
<tr><td rowspan="4">您的权利与义务</td><td>自愿参与</td><td colspan="3">您已了解项目详情，自主决定是否参与 □ 是□ 否</td></tr>
<tr><td>采集数据处理</td><td colspan="3">在采集过程中，已采集数据如需删除或保留，将按您的要求处理</td></tr>
<tr><td>信息修正</td><td colspan="3">您有权对口述记录内容进行核对、补充或删除</td></tr>
<tr><td>隐私保护</td><td colspan="3">未经您书面许可，不公开姓名、肖像等可识别身份的信息（匿名化处理说明）。存储机构及安全措施</td></tr>
<tr><td>可能的不便与风险</td><td colspan="4">口述采集过程中若引发情绪波动，您可随时要求暂停；
若涉及敏感或不愿意回答的问题，您有权拒绝回答</td></tr>
<tr><td>签字确认</td><td colspan="4">受访者声明：我已充分理解上述内容，自愿参与本项目，并同意按约定方式使用我的口述资料。
受访者签名：____________
日期：________年________月________日
采集方声明：
承诺严格遵守保密协议及数据使用范围，保障受访者权益。
项目负责人：____________
机构名称：____________
签名：____________
日期：________年________月________日</td></tr>
</table>

四、设计口述档案采集整理流程

目前国内口述档案采集整理工作整体仍缺乏科学规范的实践指导，相关工作多数是在实践过程中摸索展开，在实践中积累口述档案的相关经验。口述档案采集整理流程的设计是基于现有理论与实践研究的总结归纳，参考唐纳德·里奇（Donald A. Ritchie）的《大家来做口述历史》中口述档案的采集过程、雷鲁嘉对于少数民族口述档案采集工作的研究、陈蕾对口述档案采集流程的研究以及项目团队开展北京市档案馆老党员讲党史口述档案采集（2020—2021）、新街口街道抗美援朝老战士口述档案采集（2020—2021）、中关村创新创业口述史采集（2023—2024）等项目的经验，将口述档案采集整理的流程设计为采集前期准备、采集过程实施、采集后期处理、签订法律确权书、口述档案归档五个阶段。

口述档案采集整理的工作流程可划分为采集前、采集中、采集后三个阶段。其中前期准备阶段可细分为采集主题确定、采集团队的组织与相关技能培训、采集对象的选择与沟通、相关采集文件的拟定、采集计划制定五个环节；采集过程实施又可细分为采集计划执行、相关辅助性证明材料的收集两个部分；采集后期的整理环节则可分为音/视频处理、制作信息采集表、采集内容的转录（原稿加工稿）、文字材料校对确认以及回访（可结合实际判定是否需要）、比对印证六个环节。

在档案学理论的视角之下，口述档案在内容和形式上虽与其他类型的档案有很大差异，但从本质上来讲，口述档案作为丰富档案资源体系的一种，同样具备档案的特性。为保证口述档案的质量，应当从源头做起，对口述档案采集整理实施严格把控，规范工作流程。

1. 口述档案采集

口述档案采集是用科学规范的方法，将受访者记忆中的历史再现，进而实现个人记忆可视化的效果。在某种意义上，口述档案依赖于受访者对于过去事件的主观回忆和整体感受，难以保证受访者描述的内容与事件发生时的真实情况完全一致，因此在设计口述档案采集流程时，一定要注意科学性和规范性，应当将无限逼近真实性原则视为口述档案采集的首要工作原则。口述档案采集整理流程如图2–1所示。

在口述档案采集过程当中，应时刻注意口述档案的档案特性，一方面采集工作人员应当始终保持客观冷静，始终保持中立的工作态度，工作中不掺杂私人感情，不对受访者的陈述进行刻意的引导；另一方面需要提前考虑到采访过程中可能会出现的受访者某段记忆模糊、遗忘的情况，或受访者因一些特殊原因而隐瞒或编造的情况。为此，在采集工作执行时需要时刻遵循无限逼近真实性原则，应当加强对采集人员业务的培训，要求工作人员在正式采集前对受访者及其所要讲述的历史事件有大致的了解，同时也可以借助一些历史文献、实物档案等材料辅助采集过程的顺利进行，尽可能使采集到的口述内容更加符合历史原貌。

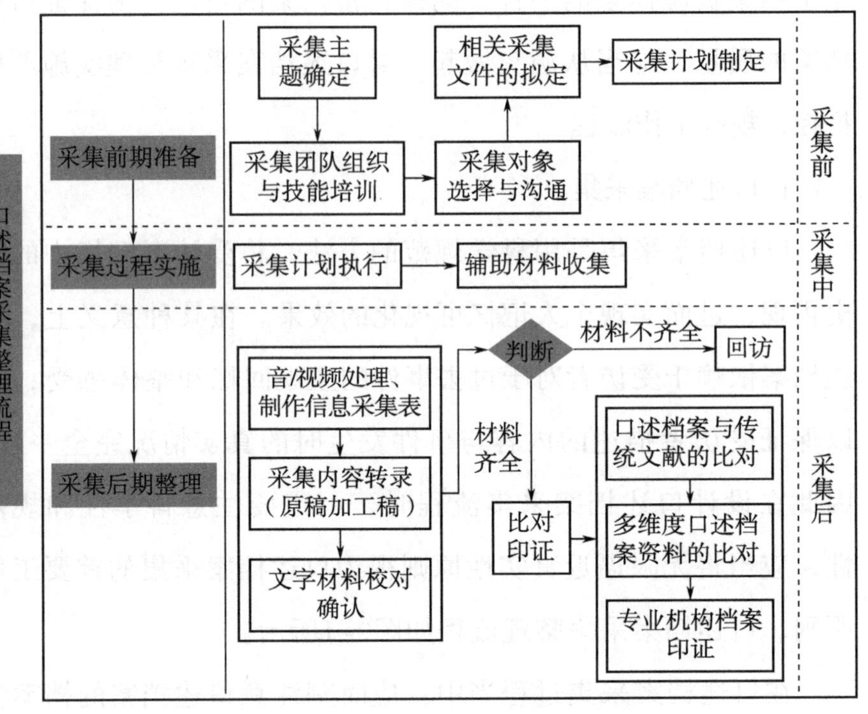

图 2–1 口述档案采集整理流程图

在口述档案采集的过程中，难免会遇到触及个人隐私或个人权益的问题，应当注意遵循尊重性原则，尊重受访者的合法权益。采集工作团队不仅需要对口述档案采集机构和广大群众负责，更需要对口述档案的受访者及其家属负责，整个采集流程的设计应当充分考虑到不同群体的利益，对受访者应当做到充分尊重。在采集过程中，如遇到受访者明显不愿提及的问题，应当尊重受访者的个人意愿，不能勉强受访者回答；对于整理好的口述档案，应当首先交由受访者查看确认，对于受访者提出的问题，应当妥善处理；在提供口述档案利用服务时，应当征得受访者的同意，受访者有权对其口述产生的口述档案的使用场所和使用时间加以限制，采集单位应当在公平自愿的前提下与受访者签订法律确权协议，以保护受访者和采集单位双方的合法权益。

口述档案是从个人的观察角度出发的，讲述的是个体对于其所亲身经历的历史事件的真实感受，属于个人经历中重要的一部分。由于不同的人在知识水平、认知能力、分析事情角度、语言表达等方面的不同，人们在表达自己对事物看法的时候总是存在差异。总体来讲，个人记忆与整体历史大环境的记录是相符的，但由于个人只属于大环境中很小的一部分，其观察事物的角度与真实历史事件不可避免地存在一定的差距，人们对不同事件的感受不同，即便是同一事件中不同参与者的感受也不尽相同，每一份口述档案都是独一无二的。因此在采集工作执行过程中，应当根据个人家庭环境、教育水平、个人经历的不同，有针对性地采集。尊重个体间的差异性不仅能够增强口述档案的生动性和趣味性，也能够从不同角度还原历史事件的真实内容，有利于从不同层面构建记忆，还原历史真相。

2. 口述档案整理

口述档案采集过程完成之后，需要及时对采集到的音/视频材料进行转录、校对以及比对印证等。口述档案采集材料的有效整理是实现口述档案价值的重要保障。在将口述材料内容整理成文字材料的过程中，工作团队需要尽可能还原受访者的口述内容，保持严谨、客观、中立的工作态度，原则上应当对受访者的口述材料进行“逐字逐句”转录翻译，遵循受访者的本意。整理转录过程中需全程遵循客观性原则，整理所得文字访谈内容应当符合受访者的原意，保持原汁原味。工作过程中如果遇到难以确认的情况，应当及时联系受访者进行核实，避免工作人员的主观臆断，加入个人的主观感受或个人想法。在口述档案采集环节中，受访者在访谈过程中可能会出现有感而发使用方言，或即兴发挥，表演当地流传的歌谣、顺口溜，说出具有特殊意义的暗号和词语的情况，转录工作人员在整理过程中应当尽量保留这些极富个人特色和时代特色的口述内容。这一方面能够更加生动地反映历史的原貌，增强口述档案的生动性和真实性，另一方面也有利于让口述档案利用者更加直观地感受到受访者的表达意图和内容。

在口述档案材料转录的过程中，一定要秉持实事求是原则，根据实际采集得到的内容进行整理，严禁随意篡改受访者的意思。整理的过程中，可能遇到采集环境或者设备调试等问题造成的音/视频材料听、看不清楚，口述者口齿不清、使用方言等造成的一些地方语句不清、难以辨认的情况，对此应当及时联系受访者对存疑的地方进行信息确认，不允许整理人员凭借主观联想推断，曲解、误读受访者所要表达的真实意思。此外，如果遇到与现有文献记载的内容有所出入的情况，应当及时记录，以便能够与受访者进行确认，确认受访者是否表述有误或能否提供其他证明材料。

受访者在口述过程中所讲述的内容是对深埋于脑海中的记忆即时整理并输出的结果，受记忆、个人思维或表达习惯等因素的影响，受访者在一件事情未讲述完毕的时候，常常由于即时回忆联想到其他人或事，转而又讲述另外一件事情。这种跳跃式的回忆叙述常常导致口述档案内容前后不连贯，直接转录而得的文字材料内容略显杂乱。面对这种讲述方式跳跃、前后逻辑不连贯、讲述内容不清晰的情况，工作人员可以遵循一定的内在逻辑进行整理，例如以时间先后顺序或者故事发展顺序为线索进行梳理，在不改变口述者表述原意的前提下，可以将口述者的讲述内容按一定的规则调整前后顺序，使整理得到的文字材料内容前后连贯、逻辑清晰，以便读者阅读利用。

实操指导

1. 口述档案采集规划与设计的核心目标与原则

目标：

系统性保存历史记忆，填补文献档案空白。

确保口述内容的真实性、完整性与合法性。

原则：

真实性优先，避免引导性提问或主观加工。

伦理合规，尊重受访者隐私与情感边界。

风险预判，对敏感内容（如政治、民族、宗教议题）提前制定处理预案。

2. 口述档案采集规划要素（见表2–2）

表2–2　口述档案采集规划要素

要素	内容说明
主题定位	明确采集主题（如“三线建设”“改革开放亲历者”），避免泛泛而谈
对象筛选	优先选择关键事件亲历者、弱势群体（如少数民族手工艺人）或濒危记忆持有者
法律边界	涉及国家秘密、个人隐私的内容需签署保密协议，明确使用范围
技术标准	制定录音/录像格式（如WAV/MP3 48kHz）、存储介质（硬盘加密）、元数据规范

3. 口述档案采集整体设计

需求分析：与委托方（政府、高校、社区）确认档案用途（研究、展览、教育）。

资源评估：预算、人员、设备、时间周期（如100人访谈需6—12个月）。

风险预案：制定突发情况（如受访者健康问题、数据泄露）应对措施。

4. 对象筛选与联系

筛选工具，设计口述对象评估表。

基本信息包括姓名、年龄、职业、居住地。

历史关联性包括参与事件、角色（决策者/执行者/旁观者）。

表达能力包括语言清晰度、逻辑连贯性（通过预访谈评估）。

联系策略：通过社区组织、行业协会或家族成员建立信任，避免直接冷接触。例如，某知青口述项目通过老照片展览吸引受访者主动报名。

5. 法律与伦理准备

法律文件：

知情同意书，明确档案用途（公开/内部）、著作权归属（受访者与档案馆共享）。

保密协议，涉及敏感内容时，限制传播范围（如仅限于学术研究）。

伦理审查：

设立伦理委员会，对涉及弱势群体的项目进行审查。

6. 技术准备

设备清单详情见表2–3。

表2–3　设备清单

设备	要求
录音设备	双备份录音（如Zoom H6+手机同步）
摄像设备	多机位拍摄（正面+环境镜头）
存储介质	使用加密硬盘，每份数据保存3份（本地+云端+异地）

数据管理：

文件命名规则为日期–姓名–主题编号（如20231001–张某–三线建设001）。

元数据标注为关联文献档案（如“某厂1965年生产记录”）。

7. 团队分工

团队分工详情见表2–4。

表2–4　团队分工

角色	职责
项目负责人	统筹协调、风险评估、对外联络
访谈员	提问、观察受访者情绪变化
技术员	设备调试、数据备份、格式转换
法律顾问	审核协议、处理著作权争议

8. 案例指导

案例1：少数民族语言口述材料采集（濒危文化保护）

规划难点：

语言障碍（需双语访谈员）、文化禁忌（如某些仪式禁止录音）。

解决方案：

聘请本地文化顾问参与设计问题。

采用“图像触发法”，用老物件照片引导回忆，减少语言依赖。

案例2：中国三线建设亲历者口述采集（关注特定群体）

风险预判：

口述采集关注支援西部工业建设的工人在社会变革中的经历。三线建设涉及国家战略调整、企业迁移及历史评价问题，需避免触碰政治敏感议题。聚焦三线建设的历史细节如工厂选址、技术革新与个人奋斗、工人日常生活。

解决方案：

为保障政策合规性，可以联合省级宣传部门、社会科学院、博物馆等建立顾问小组，把握攀枝花三线建设博物馆通过联合党校专家，确保口述史表述与官方史料衔接。建立“年龄-岗位-地域-贡献”四维标准，优先采集高龄、一线岗位、参与重大项目的亲历者；将访谈分为“宏观背景”“个人经历”“关键事件”“反思评价”四大模块，细化提问颗粒度。

第三章

口述档案采集与整理的前期准备

案例链接

口述档案采集作为一种重要的研究方法，逐渐受到越来越多群体的关注和重视。通过对亲历者或见证者的访谈和记录，获取那些未被正式文献记载的珍贵历史细节和个人感受，从而更加全面、生动地还原历史的本来面貌。在进行口述档案采集之前，充分的准备工作是至关重要的。在明确访谈主题、筛选并确认访谈对象之后，口述档案正式采集之前，还需要做好以下几个方面的准备：包括项目团队组建；深入了解相关历史背景、人物背景；拟定访谈提纲等文件；制定详细的访谈计划；确定访谈的对象、时间、地点、方式等。条件允许的情况下，可以选择部分访谈对象进行预访谈；另有访谈设备与数据安全准备等。

案例1：某社区口述档案采集项目“老城记忆”

访谈目标：记录某老城区居民的生活变迁。

前期准备：查阅调研地方志，了解社区历史背景；了解已筛选的20位70岁以上长期居住在老城区的受访者基本情况；拟定访谈提纲及相关文件。

访谈工具：准备拍摄设备、录音笔、笔记本、用于启发唤起记忆的老照片等。

前期准备流程：选题定位→背景调研→受访者筛选→设备准备→预访谈→正式采集。

案例2：家族口述档案采集项目“三代人的迁徙故事”

访谈目标：记录家族百年迁移史，留存珍贵档案。

前期准备：调研整理家族老照片、书信、族谱等；确定祖辈、父辈、同辈三代核心讲述人，比较三代人所处的时代背景；拟定访谈提纲并准备相关文件。

访谈工具：准备用于视频录制和录音的设备、三脚架、补光灯、收音设备等。

家族口述史准备清单：老照片整理、族谱核对、访谈问题清单、设备检查。

知识要点

根据前期确定的采集主题以及界定范围，筛选具有代表性的访谈对象，随后正式进行采集准备工作。在采集工作正式开展前，前期准备是否充分是采集团队工作能否顺利开展的重要前提。前期准备工作主要包括口述采集团队的组织与培训、资料收集与研究、设计访谈提纲与访谈安排（可包含预采访）、采集设备的选择与调试四个方面。

一、采集工作团队组建

口述档案采集工作开始前的人员组织与培训是采集工作顺利进行的重要保障，采集人员的组织应当以口述档案采集整理的实际工作需求为依据，选取具有专业技能、能够协助口述档案采集工作正常开展的工作人员。一般来讲，口述档案采集团队应当至少包含以下人员。

（1）专业档案人员。专业档案人员是整个口述档案采集整理工作的核心人物，专业档案人员本身具有专业扎实的档案文化背景，能够充分考虑到口述档案自身所具备的档案属性，能够在整个项目实施过程中将档案工作的思维落实到每一个流程当中。口述档案采集整理均需要有专业档案人员对项目的前期准备、采集过程实施、口述材料整理以及后期的归档等一系列工作过程进行严格的质量把控，一方面保证口述档案采集整理工作能够顺利进行，另一方面也能尽量保证口述档案采集内容真实有效，保证口述档案的真实性、完整性等特点。

（2）专业技术人员。与传统纸质档案不同的是，口述档案的存在形式和保存载体较为特殊，口述档案的采集整理工作也更为复杂，需要摄像机、照相机、录音设备等的参与。仪器设备是口述档案采集整理工作中不可或缺的部分，是后期材料整理保存的基础和来源，设备的有效使用是保证口述档案质量的重要因素。为了避免出现采集到的口述视频材料因画面模糊不清、声音嘈杂等造成的采集素材记录不清、无法使用的情况，整个采集过程中应当配备专业的技术人员，以便遇到突发事件时能够及时调整，减少损失。此外经验丰富的专业人员也能够根据现场情况及时调整机位，捕捉受访者细小的表情神态，丰富口述档案的内容，有利于读者体会口述者的情绪。

（3）辅助工作人员。除了专业的档案人员、党史研究人员以及技术人员，项目团队中也应当配备灵活的现场辅助工作人员，能够在需要的时候为访谈主持人、受访者、摄影摄像人员及其他人员及时提供服务，避免采访过程中突发事件造成手忙脚乱，确保采集工作正常进行。例如为使访谈画面美观整洁，需要场务人员提前布置好口述访谈的场地；在访谈录制时及时控场，维持场内环境秩序，避免场内出现其他嘈杂声音，影响录制工作的开展。辅助人员应当心思细腻、善于观察、积极主动，在团队其他成员需要时及时给予帮助，协助整个口述档案采集整理工作顺利开展。

在组建好口述档案工作团队后，应当对全体工作人员进行合理分工，权责到人，并在正式采集前组织团队成员参与各自岗位工作内容相关的学习培训，例如需要对访谈人员进行访谈技巧的培训；对技术人员进行音/视频素材格式、拍摄内容具体要求的培训；对辅助人员进行现场工作内容的培训等。组织团队成员培训一方面能够帮助团队内的工作人员清楚各自的工作内容，保证整个采集整理过程能够有条不紊地进行；另一方面通过专业系统的培训，团队内成员也能够相互了解，熟悉各自的工作风格，达成默契，以便于后期的工作配合。

二、资料收集与研究

在口述档案采集工作中，为了能够充分反映主题，选取的采集对象一般都具有一定代表性。项目团队应当按照事先确定好的采集主题，收集与采集主题相关的背景资料，包括历史文献、新闻报道、人物档案等，以便增强采集的针对性和准确性。全面了解口述者的主要经历、家庭背景、性格特点和谈话风格，为设计访谈提纲提供依据。一般而言，事件的亲历者、相关者应当作为首选采集对象。口述采集团队在大致了解人物经历的前提下，优先选择与采集主题高度相关的内容进行访谈，同一采集项目中选择的采集对象最好能够彼此有所关联，讲述内容可以相互支撑、互为补充。这样有助于口述档案相互之间形成对比，访谈内容之间相互印证，从而增强口述档案的可信度。

口述档案采集中，根据采集需求，可以分为以人物为核心的专题采集和以事件为核心的专项采集。例如，抗美援朝老战士口述档案采集，采集对象为抗美援朝老战士，以抗美援朝经历为主线，兼顾访谈对象的个人经历。然而，中关村创新创业口述史采集则是重点筛选某时间段（如1999—2009年），以能够反映中关村飞速发展的重要事件为核心，经过多轮主题资料收集与筛选，遴选确定20个访谈主题，再根据访谈主题寻找适合相关主题的访谈对象。在此类型的访谈中，前期访谈主题的遴选确定及访谈对象的确认，是一个更加艰巨、更为全面和更具系统性的工程。

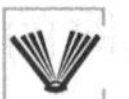 关联拓展

14名老兵口述档案被永久收藏
——辽宁省军区沈阳第五干休所联合省档案馆抢救红色记忆

据光明网2021年1月15日报道，辽宁省军区沈阳第五干休所89岁的老干部邢树杰看着档案馆播出的自己受访视频片段，热泪盈眶，心情久久不能平静。前不久，辽宁省档案馆开展了“致敬最可爱的人”主题纪念展，现场展示了14名老兵的口述档案，让前来参观的老兵们格外激动。

“为老兵刻像，为历史存照。”干休所政委谢智伦回忆起了创建老兵口述档案的初衷。2019年7月，该干休所组织离退休老干部前往省档案馆参观“辽沈战役暨辽宁解放档案文献展览”。参观过程中，老干部董英成指着一幅战地图片颤抖着连声说：“攻打这个高地的就是我们团！”记忆的闸门被打开，一段不为人知的战斗故事随着老首长的深情讲述铺展开来。“这是宝贵的精神财富，这样的故事需要被更多的人了解。”干休所领导认为，昔日的英雄已进入耄耋之年并日渐凋零，必须抓紧时间，为后人留

下珍贵的红色资料。

该干休所立即与省档案馆进行沟通协调，成立工作小组，展开了老兵口述档案采集工作。与此同时，他们邀请省档案馆专业工作人员，通过视频采集、音频录制、文案整理等方式，以最快速度、尽最大可能采集目前健在老兵的口述资料。由于接受访谈的老兵都已高龄，在叙述过程中可能存在表达不够清晰、事实不够准确的情况。对此，工作人员抱着对历史负责的态度，借助书籍、网络等，一一查清楚、搞明白。就这样，省档案馆在干休所的积极配合下，于2019年底完成了主题为“崇尚英雄·抢救记忆”的老兵口述历史采集工作，使这些宝贵资料得以进馆收藏，成为永久的红色记忆。

红色记忆要一代代传承下去，要“承”好，先要“传”。老兵是传承红色记忆不可或缺的珍贵载体，他们自身的经历、过往的岁月，也是人民军队红色历史的一部分。作为记忆保留下来的，往往都是老兵内心的珍藏，它们就像一块块历史碎片，承载着强大的精神力量。挖掘老兵口述史，就是打捞历史碎片，把它们重新组合成历史之镜，让历史的光芒去照亮未来。每一位参与整理老兵口述史的人都明白，随着时间的推移，这些老兵终有一天会离我们而去。因此，必须与时间赛跑，为了明天，为了子孙后代，留下这些宝贵的历史记忆。英雄终将归于尘土，他们的故事永不凋零。

除了围绕访谈主题，收集整理相关背景材料、人物背景信息，为了做好面向每位访谈对象的口述档案采集工作，可以同步梳理采集对象独有的个人信息，结合项目总体访谈提纲，制定个性化的访谈提纲。例如在抗美援朝老战士口述史采集前期，为了更好地掌握采集对象的特征，项目团队前期与访谈对象进行沟通，填写受访者个人信息表，特别关注参与作战的相关信息，如作战时间、参与战役等事件、本人兵种、部队番号、主要任务等。充分掌握访谈项目背景信息资料以及受访者个体信息，为有效拟定访谈提纲，开展高质量访谈奠定基础。

三、设计访谈提纲

访谈提纲对整个口述访谈环节具有重要的引导作用，访谈提纲的制定不仅能够帮助采集工作团队把握访谈重点，梳理访谈思路，防止在口述采集过程中出现访谈内容偏离主题的情况，也能帮助受访者有针对性地提前理好口述思路，做好心理准备。

访谈提纲根据采集主题和口述者的背景进行详细设计，提纲应围绕主题展开，涵盖关键事件、时间节点、人物关系等核心内容。通过与口述者交流沟通确定访谈提纲不仅代表了采集团队对口述者的尊重，对口述采集工作的重视，也能够帮助口述团队与口述者之间加强沟通交流，促进彼此的信任，从而促进采集工作的顺利开展。在制定访谈提纲时，工作团队应首先了解受访者的基本情况，提纲的拟定应时刻紧扣采集主题，选取的问题能够突出反映重点内容。

以抗美援朝老战士口述档案采集为例，访谈提纲至少包含以下四个部分的内容。

（1）受访者个人基本信息（如姓名、性别、出生年月、籍贯等）。

（2）受访者成长经历（如学习经历、参战经历、工作经历、取得的成就等）。

（3）所讲述事件的情况（如战争背景、主要人物、战争过程、个人感受等）。

（4）受访者当下的感受以及对后辈的寄语等。

口述档案采集访谈提纲样例如表3-1所示。

表 3-1　口述档案采集访谈提纲样例

×××同志口述访谈提纲		
序号	问题	时长
1	请做个简要的自我介绍。	
2	请问您是何时何地，在什么样的背景下参与革命斗争的呢？	
3	在参与革命斗争的过程中有什么让您印象深刻的人或事吗？	
4	您对参与的这些革命斗争有什么感受呢？	
5	您对国家或现在的青少年有什么想要说的吗？	

同一个项目中，口述档案采集的事件背景是基本一致的，但由于个人身份、成长经历等方面的不同，采访提纲的制定也应该具有灵活性，不能千篇一律。访谈提纲的制定应该从受访者的角度出发，善于发现受访者的个人特点，从不同方面切入，围绕采集主题有针对性地采访，挖掘最有价值的珍贵历史。

在以事件为核心的口述档案采集项目中，例如“中关村创新创业口述史（1999—2009年）”项目，由于每位访谈对象是根据提前确定的访谈事件主题选择的，因此，每位访谈对象的提纲在总体框架思路相近的情况下，每个个体的访谈提纲可以是不同的。

中关村创新创业口述史（1999—2009年）

通用访谈提纲框架

一、受访者自我介绍

- 您的姓名、主要工作经历。
- 您来到中关村工作的时代背景、主要工作经历、主要分管或者参与的工作有哪些?

二、请您结合访谈主题进行分享

- 时代背景。
- 该项任务的主要历程或工作阶段、主要困难及解决办法、关键细节、参与人员等；形成的工作机制、对中关村建设发展的影响等。

- 您在中关村科技园区工作期间难忘的经历有哪些？（请选择1—3项即可）

三、您认为中关村科技园区建设时期（1999—2009年）最主要的发展变化有哪些？您如何评价中关村科技园区建设时期对中关村发展的贡献和影响？

四、您对中关村精神的认识和理解

- 请说说您理解的中关村精神。
- 您认为中关村精神产生了怎样的影响？

中关村社会风险资本与投资基金

一、受访者自我介绍

1. 您的基本情况、主要工作经历。
2. 您在中关村科技园区分管或参与的主要工作有哪些？

二、主题分享

1. 请您分享中关村科技园区建设期间，社会风险资本与投资基金发展的时代背景、在哪些方面进行了率先尝试，主要发展阶段、政策支持、主要困难及应对措施、标志性事件等。
2. 请您分享中关村社会风险资本与投资基金的发展对科技

园区创新创业体系的形成、园区企业发展的驱动影响。

3. 您在从事中关村科技园区社会风险资本与投资基金相关工作期间，还有哪些难忘的经历？（请分享1—3项即可）

三、您认为中关村科技园区建设时期（1999—2009年）最主要的发展变化有哪些？您如何评价中关村科技园区建设时期对中关村建设和发展的贡献和影响，对北京市乃至全国的科技创新和经济发展的贡献等？

四、您对中关村精神的认识和理解

1.请说说您理解的中关村精神。

2.您认为中关村精神产生了怎样的影响？

四、采集计划制定

采集计划制定主要是与受访者确认好口述项目采集的具体时间、地点等信息。尤其在抢救性口述档案采集项目中，口述档案的受访者多为老年人，多数人有自己规律的生活作息，为了口述档案采集工作的顺利开展，工作团队应当提前与受访者及其家属沟通协商，优先选取受访者精力充沛、思路清晰的时间段进行采集。

由于采集过程需要全程录音录像，采集地点的选择也不容马虎。口述访谈采集应当尽量选择受访者熟悉、自在的环境，轻松舒适的环境能够帮助缓解受访者在口述过程中的紧张情绪，有利于受访者能够迅速进入状态。另外也应当注意保持周围环境安静、无噪声，避免影响录制效果。在现场准备的时候，也可以根据实际需要，摆放与采访主题相关的物品，例如相关的实物档案（奖章、纪念品）、照片、宣传册等，不仅能帮助受访者沉浸式回忆，也能够丰富画面内容，彰显采集主题。

五、采集人员培训与设备准备

采集人员应提前熟悉采集主题和相关专业知识，掌握访谈技巧，如措辞、倾听能力等。明确采集团队中各成员的职责，确保采集过程分工明确、协作顺畅。

采集设备准备主要包括选择合适的录音、录像设备，并确保设备性能良好。采集设备应设置在最佳待机状态，以保证采集质量。同时，采集设备的电池、存储空间等也要做好事先检查，做好充分准备。

通过以上前期准备工作，可以为口述档案采集项目的顺利实施奠定坚实基础。

实操指导

一、采集流程指导

1. 采集团队组建与分工

团队成员方面，采集者应具备良好的沟通能力、专业知识背景和对采集主题的深入了解。采集者需经过专业培训，掌握访谈技巧和设备操作技巧。技术支持人员负责录音、录像设备的调试与维护，确保采集过程中的技术问题得到及时解决。资料整理人员负责采集前的资料收集与整理以及采集后资料的初步分类与整理。后勤保障人员负责协调采集场地、设备采购、交通安排等后勤事宜。

2. 分工与职责明确

采集者负责与口述者沟通、设计访谈提纲、进行访谈记录，并对采集内容进行初步审核。

技术支持人员提前到达采集现场，调试设备，确保录音、录像质量；采集结束后，负责设备的整理与存储。资料整理人员在采集前收集相关背景资料，整理成册供采集者参考；采集后对采集内容进行初步整理，标注关键信息。后勤保障人员提前安排好采集场地，确保场地安静、整洁、舒适；准备好采集所需的设备、资料及其他物资。

3. 采集对象的确定与沟通

根据采集主题和范围，通过档案资料、历史事件研究、相关人员名录等渠道，筛选出潜在的口述者。优先选择与主题直接相关的亲历者、知情者或重要人物，同时考虑口述者的年龄、健康状况、表达能力等因素。可以通过电话、邮件或信件与口述者或其家属取得联系，表明身份和采集意图。向口述者详细介绍采集项目的目的、意义、流程、时间安排以及口述者的权利和义务，特别是隐私保护措施。根据口述者的日程安排，协商确定采集的具体时间和地点，并提前告知口述者采集当天的注意事项。

4. 签订采集协议

在采集前，与口述者签订采集协议，明确双方的权利和义务，包括采集内容的使用范围、存储方式、隐私保护等条款。协议应使用通俗易懂的语言，确保口述者充分理解并自愿签署。

5. 采集设备的准备与调试

录音设备。选择高质量的录音设备，如专业录音笔或外接麦克风，确保录音清晰、无杂音。建议使用多声道录音设备，以便分别录制采集者和口述者的声音。在采集前，进行录音测试，检查录音质量是否清晰，音量是否适中，是否有杂音或回音。如有问题，及时调整设备设置或更换设备。

录像设备。如果需要录像，应选择高清摄像机或专业相机，并配备稳定的三脚架，确保画面清晰、稳定。录像设备调试应检查摄像机的镜头是否干净，画面是否清晰，焦距是否准确。调整拍摄角度和光线，确保口述者的面部表情和肢体语言能够被清晰地呈现。

如果同时使用录音和录像设备，需确保两者的时间同步，便于后期整理和编辑。

存储设备。准备足够容量的存储卡或移动硬盘，确保采集内容能够完整保存。同时，建议准备备份存储设备，以防万一。

常用工具包括录音笔（推荐Zoom H系列）、三脚架、补光灯。软件有音频降噪（Audacity）、逐字稿转写（讯飞听见）、元数据标注（Tropy）。

6. 场地选择与布置

选择安静、无干扰的场地进行采集，避免噪声、强光或其他外界因素对采集工作的影响。场地应具备良好的通风条件和舒适的温度，确保口述者和采集者在采集过程中感受舒适。优先选择会议室、档案馆或图书馆等场所，也可根据口述者意愿选择其家中或其他合适地点。

采集者与口述者应面对面坐，保持适当的距离，以便进行良好的沟通和互动。技术支持人员和资料整理人员可坐在一旁，不影响采集者与口述者的交流。将录音设备放置在采集者和口述者之间，确保能够清晰地录制双方的声音。录像设备应放置在合适的位置，能够完整地拍摄到口述者的面部表情和肢体语言。在场地内摆放一些与采集主题相关的物品或照片，营造轻松、亲切的氛围，帮助口述者回忆往事，缓解紧张情绪。

7. 访谈提纲的设计

开场部分。简要介绍采集项目和采集者，表达对口述者的感谢和尊重，营造轻松的氛围。

主体部分。围绕采集主题，按照时间顺序或逻辑顺序设计问题，涵盖关键事件、时间节点、人物关系、情感体验等核心内容。问题应具有开放性，引导口述者详细叙述，避免简单的是非回答。

结尾部分。总结采集内容，感谢口述者的分享，并询问口述者是否有其他补充或建议。

设计问题时包括如下几类。

（1）背景性问题。了解口述者的个人经历、家庭背景、教育背景等基本信息，为后续访谈提供背景支持。例如："您能简单介绍一下您的成长经历吗？"

（2）事件性问题。针对采集主题中的关键事件，详细询问事件的起因、经过、结果以及口述者的感受和看法。例如："您能详细说一下当时的具体情况吗？"

（3）情感性问题。引导口述者表达对事件或人物的情感体验，增加访谈的深度和感染力。例如："您听到这个消息时有什么感受？"

（4）反思性问题。鼓励口述者对事件进行回顾和反思，总结经验教训，为后人提供启示。例如："您认为这个事件对您的人生有什么影响？"

在采集前，根据口述者的背景资料和采集主题，对访谈提纲进行适当调整和补充，确保提纲的针对性和实用性。在采集过程中，根据口述者的回答和访谈的实际情况，灵活调整问题的顺序和内容，避免生硬地按照提纲进行访谈。

8. 采集前的模拟演练

为了让采集团队熟悉采集流程和设备，提高团队成员之间的协作能力，同时发现并解决可能出现的问题，可以按照实际采集的流程，进行完整的模拟演练。采集者按照访谈提纲进行提问，技术支持人员负责设备的调试和操作，资料整理人员负责记录和整理。

在演练过程中，注意观察设备的运行情况、采集者的提问技巧、口述者的反应等，及时发现问题并进行调整。演练结束后，召开团队会议，总结演练过程中发现的问题，如设备故障、提问不当、协作不畅等，并提出改进措施。根据总结的问题，对采集流程、设备设置、访谈提纲等进行优化，确保正式采集能够顺利进行。

二、常见问题与解决方案

口述档案采集开始前需先签署《口述档案采集知情同意书》，明确档案用途与隐私保护。采集过程中保持客观中立，避免引导性提问，保留受访者原话（包括方言、口头禅）。从技术上，保持音频视频的清晰度，视频需多机位备份。

常见问题包括设备突发故障，对策建议是每次访谈携带备用录音笔，同步手机录音。当受访者拒绝谈论敏感话题时，应尊重受访者意愿，标注“此段内容暂不公开”。当遇到方言难以转写时，可以邀请本地志愿者协助校对，添加注释说明。

第四章

口述档案采集实施

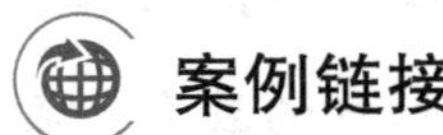

案例链接

案例1：非遗代表性传承人口述档案

非遗代表性传承人口述档案主要以抢救性记录濒危技艺，如福建木偶戏、云南傣族织锦技艺、江西景德镇制瓷技艺、北京漆雕技艺等。江西省景德镇市档案馆持续开展“景德记忆”[①]口述档案采集，以老厂长、老艺人、非遗代表性传承人为主要对象，通过专访、座谈的形式，记录他们所亲历的、记忆深刻的事件，并对形成的音频、视频和文字资料进行整理归档。曾邀请人民瓷厂原党委书记杨一志、百年老字号“焦启丰恒”第五代传承人焦健懿等进行访谈，记录了景德镇悠久的陶瓷历史和独特的陶瓷文化，真实还原景德镇发展历程。口述档案采集成果结合实物档案（工具、作品）与口述叙事，增强内容丰富度与可信度，可以制作短视频集锦，在抖音、哔哩哔哩网站传播，吸引年轻群体关注。此类型口述档案采集成果形式丰富，内容生动，传播形式广泛，但需要关注方言访谈转录的技术难题。

---

① “景德记忆”口述档案报道载于《中国档案报》2024年1月25日总第4090期第2版。

案例2：浙江省丽水市莲都区古村落专题口述档案

浙江省丽水市莲都九山半水半分田，区委、区政府全面推进“大搬快聚富民安居”工程，越来越多的村民走出大山，迎来了更加富裕便捷的生活。然而老乡村依然是许多人心中的故乡，希望“老家”永不消失。为了更好地保存即将消失的古村落，莲都区档案馆联合相关部门启动档案整理收集工作，记录历史、留住乡愁。根据莲都区下山脱贫及大搬快聚村落的典型性、村落人物的代表性，选取了峰源乡、黄村乡、太平乡等16个乡镇的20个即将消失或合并的代表性村落，以口述档案保存搬迁村落记忆，具体采访对象主要是在村落扎根十余年甚至数十年的村党支部书记、网格员等。采访提纲内容涵盖了村史、宗谱、名胜古迹、历史变革、产业情况、日常生活、非遗项目、名人乡贤等诸多方面，特别针对村里的红色历史事件、新中国成立以来及改革开放后村落的发展变化进行了专题访问。收集建档采用村文史资料收集整理、照片拍摄整理和口述建档等多种方式，摄影、摄像与录音相结合，后期整理成文字。莲都区“即将消失的古村落”口述档案采集，形成了古村落专题档案资源库，以口述档案保存搬迁村落记忆，为绘就生动精彩的莲都“富民安居”样本贡献档案史志力量。

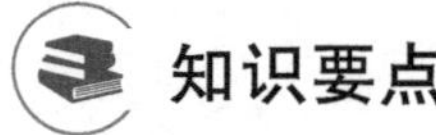

知识要点

在选定采集对象之后，工作团队通过提前与采集对象沟通、调查相关资料等形式，了解受访者的经历，例如成长背景、学习经历、工作经历等，做好口述访谈的前期准备。在这个过程中，采集团队需提前了解受访者的表达习惯，如是否使用普通话、是否能够清楚表达、是否需要家属陪同正式的口述档案采集访谈等。提前沟通能够让采集对象提前有所准备，了解所需讲述的主要内容，便于受访者有充足的时间去梳理准备，正式采集时能够顺利讲述；采集团队也能够根据访谈对象的意愿及时调整访谈提纲，更加适合受访者的讲述习惯。

一、口述档案采集实施核心流程

采集计划执行是整个口述档案工作的核心阶段之一，需要采集人员、受访者和现场工作者多方配合共同完成。基本流程包含以下步骤。

设备调试→签署协议→正式访谈→素材初步整理。

设备调试。口述访谈正式开始之前，工作团队应高效完成访谈环境布置及摄像、录音、灯光设备的调试。

签署协议。在口述访谈开始之前，访谈人或项目负责人应请受访人签署相关协议，如授权书、伦理声明等，并全程录音(或录像)、拍照。

正式访谈。访谈过程中，采访人应根据访谈提纲及访谈技巧，掌握访谈的节奏、话题的走向与整体访谈时间。

素材初步整理。访谈全部结束后，现场初步整理保存录音、录像、签署文件、访谈记录、受访者可能提供的实物和照片等相关资料。

口述档案采集是核心环节，口述档案采集的工作流程如图4-1所示。

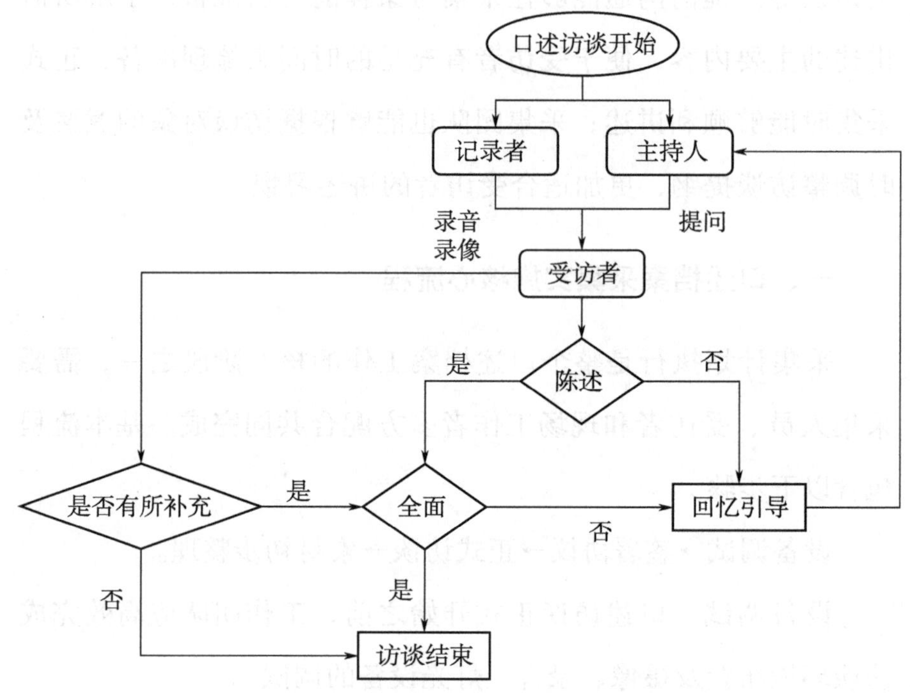

图 4-1　口述档案采集工作流程图

采集团队按照事先制定好的采集计划执行采集任务，提前到达指定地点开展采集前的设备调试等准备工作。在正式开始前，记录者提前准备调试好机器设备，将摄像机、录音笔等设备放置在合适位置，调整好拍摄机位，做好记录准备工作。采集过程中需要时刻关注机器工作状态，一方面需要保证采集全程录音录像，另一方面要保证画面清晰完整，聚焦位置、画面布局合理；根据采集需求和设备数量可以分别按照近景、中景、全景采集，确保采集到的内容无质量问题。主持人在正式口述访谈前可以简单寒暄，使受访者能够放松心情，以便迅速与受访者建立友好联系，充分调动起受访者的情绪。主持人和现场的工作人员都应时刻保持认真、虔诚、尊重的工作态度，让口述者感到舒适与安全，使其处于轻松自在的状态，随后正式开展口述访谈采集工作。整个采集过程中，工作人员应当时刻关注口述者的个人状态，防止口述者在口述过程中因情绪波动过大引起突发事件。

在访谈的过程中，口述者主要负责陈述过往的经历，主持人承担引导者和倾听者的角色，因此整个采集过程主持人的注意力都应当时刻保持高度集中，同时态度需要保持客观中立，对于受访者讲述的内容，主持人可以用语言、面部表情、肢体动作等给予适当的回应，但不宜突出，不宜发表个人的观点看法，影响受访者的陈述思绪。主持人在整个采集整理的过程中，应当根据事先准备好的访谈提纲由浅入深进行引导提问，但不必拘泥于访谈提纲，可以根据现场口述者的具体情况合理导入更加深层次的内容，例如遇到受访者陈述的内容不够完整或受访者提及访谈提纲中未出现的内容时，主持人应及时引导受访者进一步拓展讲述的事件，丰富口述档案内容。

在整个采集过程中，除了用机器设备进行记录，工作人员也应当及时做好现场笔录工作，对于受访者叙述的内容需要简明扼要地记录，以便在出现受访者口述内容前后不一或重要事件的时间、地点以及重要人物身份无法确定等情况时，能在采集结束后当场与受访者核实确认。经受访者确认暂时没有需要补充的内容时，访谈环节方可结束。

二、口述档案采集关键环节

1. 访谈环境

为保证口述档案采集的质量，在口述档案采集之前，应检查环境噪声，关闭空调、手机，必要时使用隔音棉，降低可能的噪声影响。在设备调试环节，提前测试受访者座位的光线，避免逆光、反光，主光源置于受访者侧前方45° 左右。

2. 摄影

一般情况下，应至少保证两台摄像机进行拍摄，特殊情况下无法放置两台摄像机时，可采用一台。如使用一台摄像机，应拍摄受访人。景别为中近景，人物主体应在画面中央偏左或偏右的位置（视构图需要而定），采访人坐于摄像机一旁，与受访人视线相对。使用两台摄像机，可考虑两种情况：一是以受访人为主导，采访人仅负责提问、简单回应（如点头），无过多交谈，一台摄像机拍摄受访人正面中景，另一台则灵活调度拍摄采访人中近景；如果口述访谈采用类似对话的形式，即受访人与采访人话语量相仿，则一台拍摄受访人，另一台同时拍摄受访人和采访人的全景。如使用三台摄像机，第一台拍摄受访人中近景，第二台拍摄采访人中近景，第三台可灵活调度拍摄双人全景、双人近景与特写等。

如需翻译人员或其他辅助人员参与访谈，辅助人员坐于采访人旁边即可，无须在画面内出现。如因受访人听力等原因需坐于受访人旁边，可在画面中出现。摄像应使用全手动控制，拍摄技术人员全程跟进，尤其关注聚焦、反光等问题，关注在拍摄采集过程中，由于受访人坐姿、动作变化带来的取景影响，保证拍摄质量。

一般情况下，口述档案采集使用客观观察的方式进行拍摄，即工作团队人员的声音、画面均不入镜；特定情况下，如访谈人在访谈主题相关领域有较深资历，互动提问可以更好引导和深入主题时，可采取参与式的拍摄方法，与画面内的人物进行交流。拍摄手法以平实、自然、写实为主，也可以拍摄一些表现力、感染力强的近景镜头，用于访谈主题综述片（精粹片）的使用。

对特定主题口述档案，如民间文学、传统音乐、传统舞蹈、传统戏剧、曲艺等类别的传承人，应尽可能全面、完整地记录其所有作品，如有条件限制，至少记录其有代表性和稀缺性的作品。如在收集文献的过程中发现已有录像资料，且质量尚可，则不必重复录制相同的曲目、剧目。对于传统美术、传统技艺类的项目，应尽可能多、尽可能全地记录传承人有代表性和稀缺性的作品、样式和加工方式。传承人由于年龄和身体原因，已无法进行完整实践的，可以请传承人推荐一位最具代表性的徒弟代为实践。传承人尽量参与其中的某些部分，也可请传承人对其徒弟的实践进行点评、解说。

3. 录音及照片采集

为保证拍摄收音效果，降低噪声影响，可以为受访人佩戴领夹式麦克风或在适合位置设置外置式麦克风收音，不建议将摄像机机身自带或内置麦克风作为主收音设备。摄像机在连接外置麦克风的同时，也要保留一路自带或内置麦克风的参考音。访谈开始前，必须提前试音；访谈开始的寒暄问候环节，技术人员要再次分别确认每台摄像机的收音效果，如遇到异常，及时快速调整，同时应使用1—2部录音笔进行单独的录音采集，作为备份录音资料。

为了补充口述档案内容、辅助口述，还可用于后期制作画册、展览等，在口述档案采集时，可以同步做好照片资料采集。照片采集范围包括口述采集开始前的领导接待、口述访谈过程中的受访者工作照、访谈全景工作照、受访者与工作人员合影，以及受访者提供的老照片、与访谈主题相关的实物照片。照片采集建议使用专业相机，确保光线充足、背景整洁无杂物，便于后期处理和归档。采集的照片按照编号和类型存档，确保条分缕析，逻辑关系清晰。

口述访谈现场记录表如表4–1所示。

表 4-1　口述访谈现场记录表样例

第　页

口述访谈现场记录表

采访时间：
采访地点：
采访对象：
记录人：

时间	大致事件

4. 场记

场记工作是口述档案采集过程中重要的环节，主要指受访者在进行口头叙述的同时，对访谈过程中受访者描述的主要内容进行概要记录、对受访者提供的实物进行记录。访谈过程记录主要是结合访谈提纲，记录受访者口述的主要内容、事件、人物等。在场记过程中遇到不确定具体用字的人物姓名，可以在访谈结束后及时与受访者确认，提升后期加工整理效率。口述采集结束后，受访者若提供实物，如书籍、表格、老照片、老物件等与访谈主题相关的物品时，需要记录物品名称、外观特征、使用场景等，为后期加工提供文字描述支持。现场速记受访者的口述内容时，务必做到客观、公正、忠实，切忌夹杂记录者的主观判断，对于受访人的语气、语调、情绪、举止等信息也可以在记录时进行标注，方便后期转录时参考。

5. 访谈要点

访谈要真实记录受访者的陈述，客观诚恳地理解受访者的陈述，对受访者的录音、录像保持原始性、完整性，不可断章取义。访谈过程中，要充分尊重受访者的经历、情感、思想、信仰和价值观，保护受访者的隐私，当受访者出于某种原因，拒绝提供或者有意回避某些方面内容时，应尊重受访者意愿。对受访者的个人信息以及相关事件的年代、人物、地点和涉及的专有名词、专用术语等作出必要的标记，不能出现任何错误或模糊记录，须准确无误地存档，留待整理文稿时备用。

访谈人通过与受访者面对面的言语交流，在严格遵守职业道德和社会良知的前提下，尽可能多地挖掘和采集受访者掌握的历史事实。充分掌握受访者个人情况和所采集事件的相关专业知识，充分挖掘受访者掌握的相关事件的内容和细节，深入探查采集事件思想主题。根据采集获得的新线索，可以结合实际，不断拓展采集范围，扩充采集对象，补充和增添相关内容和细节。

访谈并不是简单地将事先罗列出的问题机械性地转变为口头提问，而是需要采访人做好充分的准备，了解采访内容和访谈对象特点，根据现场情况随机应变，不断调动受访者回答问题、主动讲述的积极性，详细过程见图4–2。

口述访谈的开场是正式访谈的开始，直接关系到进程是否顺利，可以是寒暄式的，也可以是即兴的，但要礼貌得体，避免轻率随意，切忌刚刚开始就直奔主题，提出复杂问题、敏感问题。访谈者可根据受访者的身份、性格、心理特征、记忆、理解、表达能力等不同情况，在采访过程中控制访谈、引导提问。一是“主动型”受访者，特点是喜欢主动表达、掌握局面，不习惯被动地接受引导。采访人首先尊重对方状态，观察和评估对方的思路，允许对方按思路充分表达，在访谈过程中进行必要的提示，用比较具体的提问来引导访谈，提示受访者说出自己的亲身经历和宝贵记忆，避免大话、套话。当受访者讲别人的故事时，可以多提问其亲身经历，必要时就同一话题循环提问，比对受访者先后陈述版本的差异性。二是“群众型”受访者，其特点是性格偏内向，习惯由他人输入观点，访谈时尽可能尊重和鼓励对方，让对方有勇气用自己的方式表达，同时

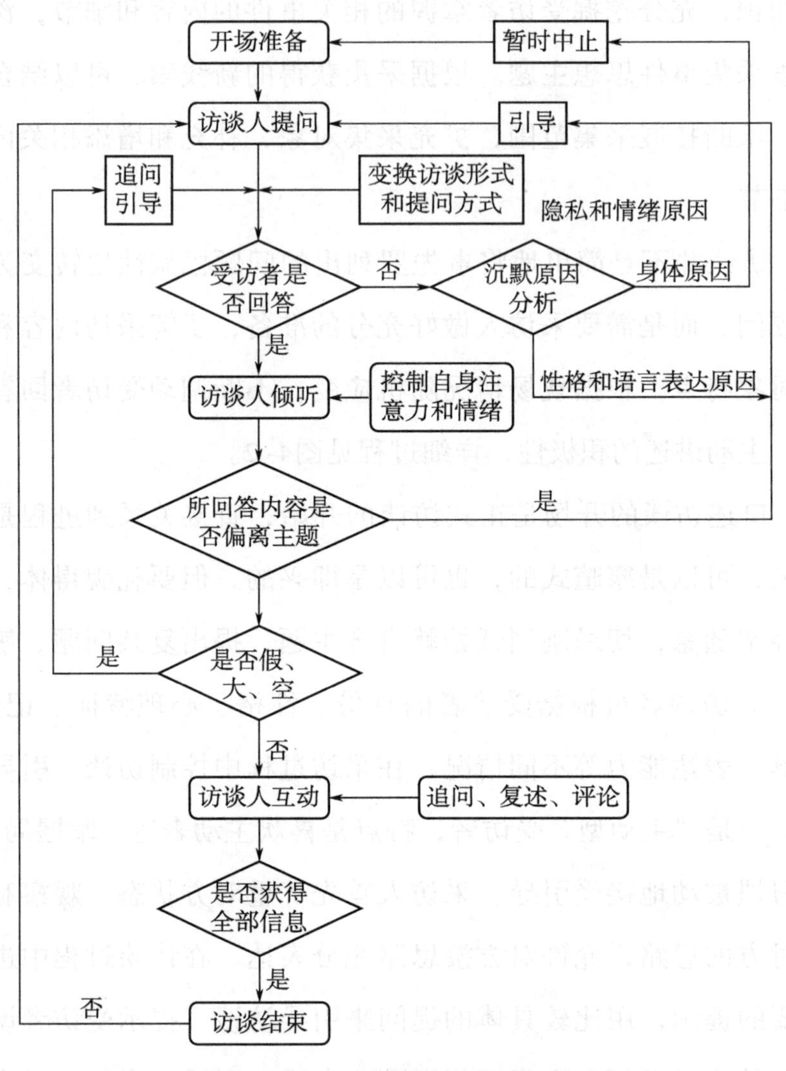

图 4–2 口述档案采集访谈过程

关注受访者的兴趣点，并以此为突破口，引导受访者积极表达。三是"'闷葫芦'型"受访者，特点是沉默寡言说话较少，应对办法是将问题提得明确具体，用尊重、诚恳、耐心创造出一种轻松的对话氛围。四是身心损伤的受访者，包括记忆机能衰退、理解表达能力不足、听障等情况，对于这些受访者，应根据其身体条件，与家属或医生沟通，制定具体方案。例如，在对抗美援朝老战士进行访谈时，遇到表达障碍的受访者，可以通过妥善的前期准备与沟通，由受访者家属将知晓的信息代为口述，采集受访者的简短场景，配以受访者手写文字等表达其心情和感受。

6. 提问技巧

提问是采访人以提出问题的形式挖掘受访者记忆的一种访谈法，通过有效的提问，访谈人与受访者之间建立沟通互动的桥梁，把话语权限交给受访者，唤起受访者的记忆，提供分析问题的脉络资料。常用开放式问题和引导性问题，帮助受访者回忆和表达相关信息。例如，"还记得那个时期的哪些特点吗？""你对这个物品有什么特别的感受吗？"访谈过程中的提问应注意始终保持中立、专业、简洁、自然、渐进的状态。不使用带有指向性、色彩性和定性的词语或句子，掌握相关内容的专业术语和相关事件的时间、地点、基本脉络，厘清思路，分清主次，按照一定的顺序有条理、有步骤地进行提问。提问要注意，避免出现审问式、压迫式以及过于鲁莽，可能影响受访者状态的提问。提问遵循语气、语调和节奏由浅入深、逐步推进的逻辑思路。访谈者在口述采集过程中，要积极、主动地聆听。聆听和提问一样，是获取信息的最重要途径。

聆听要专心、专注、耐心，把注意力集中在受访者对内容的表述上，根据受访者陈述的内容，及时发现之前忽略或遗漏的重要信息点，随时调整、修正后续问题。访谈人应真心、虚心地聆听受访者的讲述，不插话、不打断、不强加自己的观点。在访谈过程中，访谈人的聆听不是哑口无言、无动于衷地听，而是要适当使用合适的表情或者肢体语言，对受访者表达认可、鼓励、赞同；通过复述性或总结性语言强化倾听效果，让受访者感受到被尊重，如"原来是这样啊""太有意思了"。聆听中适时地回应，可以传递给受访者诚恳的心理暗示，让受访者讲述更多内容、更多细节。在访谈过程中除了细心聆听，还应观察、感受受访者的行为举止、面部表情等非语言信息。

访谈过程中，访谈人绝不是按提纲把问题问完就可以了，而应该在不破坏受访者情绪或干扰其思路的前提下进行适当互动。因年代久远、记忆偏差，遇到记忆不清晰或对问题不理解、事件重要信息记忆中断等情况时，访谈人需要凭借自己掌握的知识进行巧妙的追问，印证事件的真实度。对于发现的新信息点也应该追问。追问的方式、语气、语调一定要柔和、谦虚，避免引起受访者的反感。

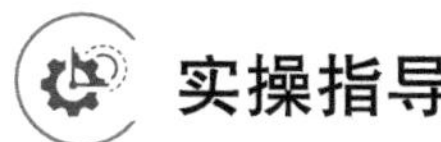

实操指导

口述档案采集实施环节的步骤总结如表4-2所示。

表4-2　口述档案采集实施环节一览表

步骤	具体操作
环境准备	根据访谈地点空间布局、确认座位摆放、拍摄角度与取景背景、环境噪声等，提前调试取景
签署协议	与受访者说明拍摄目的、使用授权等，书面签署确认
环境及采集设备调试	准备拍摄采集、录音、拍照等设备，提前调试，确保全程正常使用
口述采集预热	根据项目需要，进行参与人员介绍、沟通寒暄、介绍访谈主题及安排
口述采集实施	使用开放性问题引导受访者回忆讲述，详细记录与访谈主题相关的事件描述，尤其注重细节
使用录音设备	在口述采集全程使用录音设备，在访谈者附近且不影响拍摄取景的位置放置录音设备，尽量避免噪声干扰，记录声音信息
记录场景信息	同步通过文字概要记录访谈主题内容要点、场景细节、时间、涉及人名信息等，为后期整理提供支撑
照片信息采集	在口述采集过程中同步拍摄受访者及其相关工作场景照片，注意相机声音可能的影响
口述采集素材备份	拍摄采集建议双机位进行，同步两台录音设备，保证信息备份，防止意外情况，确保有效采集
口述采集素材初步整理	将拍摄采集、录音、照片、场记、受访者可能提供的照片、实物等资料进行初步整理归类
结束	完成口述档案采集实施环节，后续进入加工整理环节

1. 设备配置

配置两台摄像机，主要负责录制画面，尤其关注录制存储卡使用空间、电池使用时长等；收音麦克风或领夹式收音“小蜜蜂”，主要用于收录现场声音，若同时访谈两人或者多人，需要为每位受访者配备收音设备。录音笔，用于录制现场音频，同时可以作为录像设备的备用音频。

拍摄采集现场设备常见问题及应对方案如表4–3所示。

表4–3　拍摄采集现场设备常见问题及应对方案

问题类型	解决方案
录音杂音	关闭窗户，改用领夹麦克风
画面过暗	增加LED补光灯，调高ISO值（不超过1600）
文件损坏	立即停止使用存储卡，用数据恢复软件扫描

2. 口述档案采集实施

口述档案采集访谈流程的主要环节、任务内容及建议时长如表4–4所示。

表4–4　口述档案采集访谈流程

阶段	任务	时长
准备	检查设备、签署协议、说明规则	15—20分钟
暖场	寒暄放松，确认受访者状态	5—10分钟
主体	按提纲由受访者主述，根据需要提问引导	60—90分钟
收尾	补充提问，收集实物材料	10—20分钟

在口述档案采集环节，以受访者口述为主，访谈者在必要时需要进行提问引导。访谈者应当结合访谈主题、受访者经历等内容，进行有效提问，提升口述档案采集质量。口述档案采集中常见的提问方式有开放性提问，也即模糊提问。例如，“您能描述一下当时的场景吗？比如周围有什么建筑？”“您能详细描述一下当时的经过吗？”主要目的是引导受访者详细回忆细节。引导性提问，旨在帮助梳理细节，如“您印象中大概持续了多久？”。确认性提问，主要为验证信息的准确性，尤其在遇到不同受访者之间矛盾叙事时。例如，“您刚才提到A事件发生在1980年，但另一位受访者说是1982年，您怎么看？”“您记得清楚吗？”

在整个口述档案采集过程中，访谈者在充分了解受访者背景的前提下，设计合理问题。访谈过程中耐心聆听，避免打断，尊重回忆过程。访谈全程保持中立，尽量减少发言，不暗示答案，不过度引导。准备两台录音设备，保证录音质量及互为备份补充。访谈结束后，对访谈材料进行初步分类，方便资料的后期整理与加工。在项目访谈过程中，已完成受访者的各环节中遇到的问题，可以为后续访谈提供优化改进建议，不断优化调整口述档案采集实施流程。

3. 数据管理与配套工具

口述档案访谈文件命名一般按照：[项目名称/编号]–[受访者姓名/编号]–[日期]–[版本]。例：ZGC2024–022–20240521–1。

元数据标注模板如表4-5所示。

表4-5 元数据标注模板

字段	内容
访谈时间	2023年5月21日 14:00—15:30
关键词	改革开放、特区建设、招商引资
敏感标记	涉及已故人员隐私（第25分钟）

照片的保存格式应符合相关规范（如Jpeg、Tiff等）。照片采集过程中可能会遇到困难与挑战，如老物件的保存状态不理想、光线不足等，在照片采集时应灵活应对，尽量记录清晰画面。在拍摄过程中，注意保护受访者的隐私和资料的安全性。

转录工具常用讯飞听见（支持23种方言）、Otter.ai（英文访谈）；数据管理、相关协议文件如伦理审查、保密授权等，可查找参考相关模板。

总体而言，口述档案采集实施阶段是口述档案采集的核心环节，应尽量做到技术标准化、流程规范化、风险可控化。一般而言，原始素材完整率≥95%且无重大技术故障，受访者对访谈过程的90%达到满意，可以认为是成功的访谈项目。通过科学的口述档案采集实施管理，口述档案不仅能留存历史声音，还可为后续研究提供高质量数据基础。

第五章

口述档案整理与保存

案例链接

口述历史作为一种记录方式，历史悠久，是通过走访历史事件当事人或与当事人一起工作、生活过的人，把他们的回忆陈述记录下来的一个过程。口述档案则是对上述过程生成的材料进行整理、比对、加工并最终归档形成的档案。口述档案伴随口述历史的生成而形成，口述历史是口述材料的生成阶段，口述档案则是经过整理、鉴定、归档才最终形成的。因此，口述材料的加工、整理环节在口述档案采集过程中尤为重要。

案例1：哥伦比亚大学口述历史档案馆

哥伦比亚大学口述历史档案馆是由美国历史学家艾伦·内文斯（Allan Nevins）于1948年创立，包括哥伦比亚大学口述历史研究中心（CCOHR）和哥伦比亚大学口述历史档案馆（OHAC）。OHAC是美国最大的口述历史档案馆之一，是全球最早的口述历史研究机构，拥有超过1万场访谈记录，保存了超10万小时的口述资料。它位于哥伦比亚大学巴特勒图书馆的珍本与手稿馆内，大部分档案向研究者和公众开放。1991年10月至1996年夏天CCOHR采访了张学良。其间，张学良还捐赠了他珍藏的不同历史时期的手稿、书信和照片等，这些珍贵资料现展示在哥伦比亚大学的

“毅荻书斋”陈列室。口述档案史料的整理采用“主题+时间”的分类方法，如冷战研究、民权运动，采用标准化元数据，包含受访者姓名、访谈时间、关键词等。采用数字化存储的保存技术，将原始录音转为WAV格式，转录文稿保存为PDF/A。物理备份，如磁带、光盘双备份，恒温恒湿库房（温度18℃±2℃，湿度40%±5%）。口述研究成果支持多部纪录片和学术著作，如《冷战口述史》。

案例2：国家图书馆“中国记忆”项目

“中国记忆”项目是国家图书馆以中国传统文化遗产、现当代重大事件、各领域重要人物为专题，以传统文献体系为依托，系统性、抢救性地进行口述史料、影音资料等新型文献建设，并最终形成记忆资源体系的文献建设和服务项目。该项目自2012年启动，团队以口述文献、影音文献和民间文献为载体，努力记录着“正在消失的历史、正被遗忘的故事、正在老去的生命”。2012年3月，“中国记忆”启动首个专题——东北抗日联军专题口述史。到2016年，即九一八事变爆发85周年之际，专题阶段性成果35段口述史视频在国图网站集中推送给公众，口述史图书《我的抗联岁月》出版。在此期间，“中国记忆”团队足迹遍及七省，采访了75位受访者，其中包括22位当时仍健在的抗联老战士。2015年，当时的文化部非物质文化遗产司委托给“中国记忆”一项重要任务：由于大部分非遗代表性传承人年事已高，对他们记忆与技艺的保护工作迫在眉睫。为了加速推进，“中国记忆”编制了《国家级非物质文化遗产代表性传承人记录工作操作指南》，便于各省级非遗保护中心建立团队，按照指南上的方法进行录音录像等多种形式的口述史料、影音资料的采集和已有文献的收集。“中国记忆”大量口述文献资源的后期编目、保存和规范管理，为未来建设便于公众搜索、浏览的专题网站打好基础。

知识要点

口述档案的建立并不是随着访谈实施环节的结束而完成，访谈实施是口述档案采集工作的一个重要环节，访谈过程中初步形成的文字记录、录音、录像、照片等材料，还不能称为档案，属于口述档案的“毛坯”阶段，只有按照一定的原则进行整理、加工、校核、归档保存之后，才能成为具有真正意义的口述档案。口述档案的整理与采集是不可分割的有机整体，整理是对采集所得资料的重要加工环节，因此，口述档案的整理阶段也可以称为“采集后期”，即按一定的原则和方法，将初步采集、处于零散状态的口述资料进行转录、校核、考证、分类、组合、排列和编目等，使之成为有序整体的过程。

一、采集内容预处理

在采集环节结束，应当尽快对采集到的音/视频材料进行详细检查，确保采集到的音/视频素材清晰完整，无质量问题，能够正常进入后续的加工处理环节。在此环节中，可以根据实际情况，去除掉口述音视频材料中的无关内容，如访谈开始前的寒暄、采集过程中由于各种临时情况杂糅在内的与采集主题无关的谈话内容等，对此类内容进行预处理，为口述采集整理打好基础。在对音视频预处理环节中，可以根据采集要求，对视频素材进行音量、字幕、画面比例等方面的调整，使视频画面简洁美观。

口述档案采集工作项目周期一般比较长，涉及的口述访谈人物多，相关的工作内容较为烦琐，因此，可以制作信息采集统计表，便于掌握项目进度。信息采集统计表是每位受访者采集基本信息及项目进取的统计，可以按照统一格式制作，一般可以分为受访者的个人信息采集表和信息采集总表，方便项目管理。

制作受访者个人信息采集表时，对每位受访者的口述材料内容进行及时的整理登记，将受访者的个人基本信息、采集时间和地点、采集材料数量、采集中得到音视频内存大小及总时长、预处理后的有效时长、相关辅助证明材料的种类数量等信息都进行详细记录，一方面有利于及时记录受访者的口述信息，便于在后续的工作环节中查找受访者的口述材料，避免在后续工作中出现材料缺失的问题；另一方面也有利于工作团队及时了解掌握每位受访者口述档案采集整理工作的完成进度，便于提高采集整理工作的效率。除了个人信息采集表，在项目进行的过程中也应当及时完善信息采集总表，将每位受访者的信息登记在内，以便于对整体的工作进度有所把握。信息采集表如

表5-1、5-2所示。

表 5-1　受访者个人信息采集表样例

<table>
<tr><th colspan="7">受访者个人信息采集表</th></tr>
<tr><td>项目名称</td><td colspan="6"></td></tr>
<tr><td rowspan="3">基本信息</td><td>姓名</td><td></td><td>出生日期</td><td></td><td rowspan="3">照片</td><td rowspan="3"></td></tr>
<tr><td>籍贯</td><td></td><td>联系方式</td><td></td></tr>
<tr><td>采集时间</td><td></td><td>采集地点</td><td></td></tr>
<tr><td rowspan="2">党员信息</td><td>入党时间</td><td colspan="5"></td></tr>
<tr><td>入党地点</td><td colspan="5"></td></tr>
<tr><td rowspan="5">参与作战信息</td><td>作战时间</td><td colspan="5"></td></tr>
<tr><td>参与事件</td><td colspan="5"></td></tr>
<tr><td>兵　种</td><td colspan="5"></td></tr>
<tr><td>番　号</td><td colspan="5"></td></tr>
<tr><td>主要任务</td><td colspan="5"></td></tr>
<tr><td rowspan="4">信息采集情况</td><td>采集材料情况</td><td colspan="5">□音频；□视频；□图片</td></tr>
<tr><td>音、视频总时长</td><td colspan="5"></td></tr>
<tr><td>有效材料时长</td><td colspan="5"></td></tr>
<tr><td>辅助证明材料</td><td colspan="5"></td></tr>
<tr><td>采访负责人</td><td colspan="6"></td></tr>
<tr><td>信息利用情况</td><td colspan="6">□公开；　□受限</td></tr>
<tr><td>备注信息</td><td colspan="6"></td></tr>
</table>

表 5-2　受访者采集信息总表样例

<table>
<tr><th colspan="11">受访者采集信息总表</th></tr>
<tr><th rowspan="2">编号</th><th rowspan="2">姓名</th><th rowspan="2">采集时间</th><th rowspan="2">采集材料说明</th><th colspan="5">工作进度</th><th rowspan="2">访谈负责人</th><th rowspan="2">备注</th></tr>
<tr><th>采集</th><th>转录</th><th>校对</th><th>认证比对</th><th>整理保存</th></tr>
<tr><td>01</td><td></td><td></td><td></td><td></td><td></td><td></td><td></td><td></td><td></td><td></td></tr>
<tr><td>02</td><td></td><td></td><td></td><td></td><td></td><td></td><td></td><td></td><td></td><td></td></tr>
<tr><td>03</td><td></td><td></td><td></td><td></td><td></td><td></td><td></td><td></td><td></td><td></td></tr>
<tr><td>04</td><td></td><td></td><td></td><td></td><td></td><td></td><td></td><td></td><td></td><td></td></tr>
<tr><td>05</td><td></td><td></td><td></td><td></td><td></td><td></td><td></td><td></td><td></td><td></td></tr>
<tr><td>06</td><td></td><td></td><td></td><td></td><td></td><td></td><td></td><td></td><td></td><td></td></tr>
<tr><td>07</td><td></td><td></td><td></td><td></td><td></td><td></td><td></td><td></td><td></td><td></td></tr>
<tr><td>08</td><td></td><td></td><td></td><td></td><td></td><td></td><td></td><td></td><td></td><td></td></tr>
<tr><td>09</td><td></td><td></td><td></td><td></td><td></td><td></td><td></td><td></td><td></td><td></td></tr>
<tr><td>10</td><td></td><td></td><td></td><td></td><td></td><td></td><td></td><td></td><td></td><td></td></tr>
<tr><td>11</td><td></td><td></td><td></td><td></td><td></td><td></td><td></td><td></td><td></td><td></td></tr>
<tr><td>12</td><td></td><td></td><td></td><td></td><td></td><td></td><td></td><td></td><td></td><td></td></tr>
<tr><td>13</td><td></td><td></td><td></td><td></td><td></td><td></td><td></td><td></td><td></td><td></td></tr>
</table>

二、采集内容转录

口述档案采集环节结束，需要将采集到的音/视频材料转录整理成为文字版本的口述访谈稿。转录是将口述访谈过程中形成的录音、录像内容转换为书面文字材料的过程。口述档案文字稿较录音稿更直观，研究者能够通过文字稿快速了解口述档案内容，提取所需信息，同时文字稿还方便进行抄录、扫描、影印、复印，便于长久保存。口述访谈录音的形成、存储、利用均需要依靠相关的电子设备，而电子设备的稳定性和保存期有限，将口述录音转录成文字稿形式，二者互为备份，能有效降低安全隐患，便于口述档案的长期保存和利用。

1. 口述内容转录

口述材料的转录主要方式有机器转录和人工转录两种，实际工作中通常可以将两种转录方式结合进行，机器转录的材料不能代替人工，机器转录的材料存在一定差错率，尤其对有方言、口音等特殊情况的受访者，机器转录的准确度更低，必须再进行人工逐句校对。

转录工作看似简单，实际做起来很辛苦，需要转录者逐字逐句地听、“原汁原味”地记录，特别是遇到受访者不善言谈、普通话不标准、方言多等情形时，转录工作会遇到更多困难。因此，口述档案的转录人员既要具有丰富的转录经验，又要有高度的责任感。转录人员建议优先由访谈人或场记工作者等全程参与口述采集实施环节的人员进行，因为转录工作人员已全程参与口述档案采集的实施环节，熟悉口述采集的主题、事件、人物背景，尤其是参与了访谈场景，熟悉受访者的口述内容。

专业的转录团队，由于访谈人、场记人员的工作任务繁重，若无法在短时间内完成转录工作，在经费允许的条件下也可以将转录工作委托给具有口述档案转录经验的专业团队。当遇到有民族语言、方言等辨识困难时，可以根据受访人所属民族和所在地区，挑选相应民族和地区的大学生组成口述档案转录小组，前期对转录小组进行采集主题、采集内容、相关背景、转录方法、文字稿要点等内容的培训，由转录小组先将录音内容转录成初步的文字稿，再由访谈人仔细核对。

口述转录工作者在转录校核工作过程中要实事求是、客观中立。第一，听录音时要充分理解受访人所要表达的核心要义，对于含混不清的地方，要结合前后语句反复听，直至听清为止，对实在难以听清的词语，应做好备注标记；第二，可以利用口述录音和现场录像，互为补充，便于更准确地进行转录；第三，访谈过程中，访谈人与受访人所进行的互动和交流内容也应进行转录，便于还原现场状态；第四，口述中涉及的时间、地点、事件、人名、作品名等，应尽可能地多方了解和核实，避免口述者由于受年龄、方言以及同音字、谐音字等因素影响，降低表述清晰度，导致转录错误或曲解受访人原意。在转录过程中如果遇到口述内容前后不一致、口述内容与现有史料不符或者因录音问题口述内容不清晰等情况，可以及时做好标注，后期联系口述者进行证实，不能主观臆断，严禁随意篡改或揣测口述者的真实意思。

2. 转录内容处理

对于口述档案材料应当如何转录，目前国内的学者主要持有两种观点：一种观点认为，口述材料转录的内容应当与口述音/视频保持完全一致，通常是采用问答的形式做到逐字逐句转录，以保证转录材料与口述者描述内容完全相符，体现了口述档案材料的真实性；另一种观点认为，口述档案的转录在遵循受访者原意的前提下，可以对口述音/视频材料进行适当删减，以便于阅读和理解。

根据实践经验，笔者选择第二种转录方式。为保证口述档案的真实性，在转录工作中应尽可能对口述材料做到逐字逐句转录，但实际工作当中，由于口述者的表达方式或者现场状态等原因，口述材料中经常出现前后语句重复、语气词偏多或者口述者在讲述一件事情的过程中穿插讲述其他事情的情况。因此，口述访谈稿在整理过程中可以将其转录为两稿，分别为逐字逐句转录的口述访谈原稿，即“口述原稿”，以及在尊重受访者真实意思表达并进行合理调整后的口述访谈加工稿，亦可称为“口述通稿”。

口述访谈原稿转录的内容是对原音/视频内容的逐字翻译，最大可能地与口述内容保持完全一致，原稿不仅保留了口述者原汁原味的口述内容，直接反映口述者的个人特色，也能够方便在后续工作环节需要时直接检索查找录音内容。口述访谈加工稿则是在不改变口述者本意表达的前提下对原稿进行适当增减调整，例如对出现的前后语句颠倒、语句重复等问题进行修正、删减；为方便理解在句中增添主语、关联词；按照时间或事件发生顺序将口述者掺杂在一起叙述的故事进行整理，使之通顺等情况，与口述访谈原稿相比，加工后的“口述通稿”经合理调整，文字前后语句更加通顺，逻辑性更强，更加方便阅读理解。

转录过程中常见情况处理。

（1）关于对无实质意义的语气词、口头禅的处理。由于受访者是在边回忆、边思考的情况下进行讲述的，访谈中经常会出现“嗯”“唉”等无实质意义的语气词，以及“我想想啊”“是怎么回事来的？”“是这么回事”等无实质意义的口头禅。访谈者为了访谈效果的互动性，经常使用“哦”“啊”“这样啊”等附和性的词，因为不影响整体语义表达，直接删除即可；但如果语气词具有加重语气，起强调作用等，则可以按原话转录。

（2）对国家、地区名称，还有机关、团体、企事业单位和其他组织和个人的名称的处理。在转录过程中遇到上述情形时，第一次应使用全称或通用简称，若后续使用简称，则需在第一次出现时加注释说明。对于在历史中出现过的名称经过改革和调整已不复存在的情况，转录者经过缜密的考证后仍采用原名称，则需在文字材料中进行注释说明。

（3）对方言或专有名词的处理。由于受访者的语言习惯，部分受访者为了准确表达自己的意思，可能使用方言或地区口语化的表达。在转录时，应尽量翻译成普通话，如果实在是无法用普通话准确地表达受访者所述的意思时，可以采取方言进行音译，并添加注释的方法。对于有些地方特色的专有名词或固有表达形式，在转录过程中可以直接转录，并编制与采集主题相关的专有名词、固定表达等词汇表，以便进行对照核准。

（4）关于对不完整、不连贯和语法错误句子的处理。由于口述过程中受访者基本是边想边说，因此难免出现一个主题内容没有讲完，又讲到其他的主题或是句子不完整、不通顺的情况，如果按原话一一转录，会显得文字稿凌乱、琐碎，容易引起曲解、误解。为便于研究者阅读，增强整个口述内容的连贯性、完整性和可读性，转录者需要在不改受访者原意或表述的情况下进行适当修改。对于不完整的句子，可添加缺失的主语、谓语或宾语；对于不连贯的句子，可以进行前后语句的调整和补充；对于语法错误的句子，可以按语法标准进行修改完善。加工后的口述通稿最后要由受访者确认。

（5）关于对内容重复句子的处理。对于受访者可能出现前面刚讲过的内容后面又重复讲述的情形，在转录口述通稿时，可以按照访谈提纲与主题，对重复部分的内容进行整合，删除重复的词语和句子，使口述通稿的文字精练、脉络清楚。

（6）关于对年份和日期的处理。人们通常会用省略的方法表达年份，如把“2000年”说成“00年”，在转录文字稿时应将简称改成全称。另外，还有受访者习惯用农历纪日法，在转录通稿时可以在农历表达前加上“农历”二字，或者后面加上括号说明。

（7）对明显失真或存疑部分内容的处理。由于访谈内容涉及的时间跨度大、范围广、内容多，受记忆减退、记忆模糊和事件参与程度、担当的角色等多方面限制，受访者可能存在内容陈述错误、讲述内容与客观事实不符的情况，影响到口述档案的可信度和真实性。在转录时，如发现是由受访者记忆模糊或口误等导致的非主观性失真，可以按照原话进行转录，但在原话转录内容后加括号备注，说明“这是口述者的观点，参照某某内容校核后是……”同时提供参考文献或资料的来源，为读者提供参考。

（8）对受访者不同意公开内容的处理。在访谈之后，受访者会提及某些部分的访谈内容不予公开，应尊重受访者的意见，对其不同意公开的内容，在文字转录“口述原稿”中正常转录，而在“口述通稿”中的相应位置注明“本段文字受访者不公开”字样，“口述原稿”和访谈录音、录像应同步不予公开。

三、转录内容校核

为保证口述材料整理内容的准确性，需要对初步转录整理好的口述访谈文稿进行校对确认，一般主要分为工作团队内部交叉校对和口述者内容确认两个部分。

因转录工作量巨大，相对较为烦琐，通常情况下该项工作是由项目团队内部不同的工作小组分工完成。无论是人工逐句转录还是机器转录转交人工校对的转录方式，都可能会出现误听、漏听、方言难以理解等造成的书面错误问题，因此，在整理完成时，首先进行团队内部的交叉校核，减少人为因素造成的口述访谈内容的误差。采集团队组间交叉校核完成后，可交由受访者进行二次校核确认，对受访者提出的有问题的地方及时修改，避免出现由于工作人员理解偏差而造成的口述档案材料失误，甚至失真的情形。

四、回访与补录

在对采集得到的口述材料转录、校对确认无误之后，应当及时对所有的口述材料进行汇总检查并总结复盘，如果遇到材料少、材料缺失或由于技术、环境问题造成的部分音/视频内容无法利用的情况，应及时采取补救措施，必要时应当及时联系受访者进行回访与补录。此外，口述档案的采集整理也不是一劳永逸的事情，随着时间的推移和场景的变化，受访者可能出现补充完善的需求，因此，采集单位可以与受访者保持联系，在后期需要的时候能够及时与受访者沟通，进行回访与补录。

五、比对印证

由于人的记忆会随时间流逝而逐渐出现淡化遗忘，且口述形式本身也存在较强的个人主观色彩，因此，口述档案一直以来面临着部分学者对于其“真实性”的怀疑。为了增强口述档案的真实性和可信度，在口述档案采集整理流程中设置比对印证环节非常重要。通过严谨的比对印证，口述档案材料方能上升为真正的口述档案，成为构建记忆的可靠来源。口述档案的比对印证工作主要包含三个方面：口述档案材料与传统文献的比对、多维度口述档案材料的比对以及到专门机构进行档案印证。

1. 口述档案材料与传统文献的比对

口述档案是从口述者的视角出发，对个人所经历的历史事件的回忆和记录，个人作为社会的一部分，社会记忆是个人记忆的宏观体现，个人记忆同样是社会记忆的微观映射，多数的历史事件均有迹可循，个人讲述的事件在多数情况下也能够与现有的文献信息遥相呼应。

口述档案可以与传统文献比对从而互证真伪，综合来讲该过程是一个将口述档案的内容与传统文献的信息交互对比，从而确定口述档案真实性的过程。在所有口述材料收集整理完成之后，通过多方查找史料文献，将口述档案中的事件内容与传统文献进行查证对比，确定口述档案内容的真实性，如果口述材料所述内容与传统历史文献存在记录不一致、相互矛盾的地方，工作团队则需要寻求更多的证据进行证实，例如通过与受访者确认、向专家咨询确认、查询更多的档案文献资料等方法消除疑问，确认哪一方是准确的，力求口述档案材料内容的准确。

2. 多维度口述档案材料的比对

每位口述者的口述档案材料除了可以与传统档案文献进行比对核实外，也可以通过与其他口述者的口述材料进行比对，从而达到互证真伪的目的。在同一口述主题、同一事件背景下，不同口述者或许有相同的经历，对于具有相同经历的口述者所提供的口述材料彼此之间能够相互比对认证，通过细节分析比对事件经历是否一致。

通过多维度口述档案材料的对比，也能克服传统档案文献不足的困难。如果同一事件中口述者的经历、看法或感受趋近一致，也能在一定程度上证明事情的真伪；如经过对比发现口述者的观点不一致，则需要扩大研究范围，存疑之处通过拜访其他事件相关者寻求新的证据，或向口述者、专家再次咨询核实，强化口述研究成果的真实性。通过多维度口述档案比对不仅能够增加口述档案的可信度，也能够从多个角度细化事件细节，丰富口述档案内容，从而还原历史真相。

3. 专业机构进行档案印证

在所有工作完成之后，将比对审核好的口述档案材料送到专门的档案机构，交由专家进行口述档案鉴定印证。专家经过仔细研究对采集单位所提供的口述档案材料进行最终的考查核实，所有材料确认无误后方可通过印证。严格来讲，通过专业机构印证的口述档案材料才能在真正意义上称为口述档案，能够在一定程度上发挥档案的作用，为构建记忆，考察回望党史和新中国发展史，赓续红色血脉提供强力支撑，充分发挥口述档案的作用与价值。

六、口述档案材料归档

1. 材料归档

口述档案材料归档范围应包含更多项目以及受访者的背景信息，为口述档案的利用者提供必要的说明和依据。口述档案材料的归档范围应包括以下几方面。

①立项材料：说明项目性质（立项单位或个人）、立项目的、立项调研情况、项目规模、经费及来源、成果形式、项目承担单位、实施项目组成人员等。

②项目设计材料：调研材料、选题材料、访谈对象的确定、访谈计划、访谈对象（受访者）经历介绍。

③项目实施材料：访谈日志、访谈提纲、访谈形成的声像材料、访谈过程中的照片、说明文字材料。

④口述记录整理材料：访谈整理后形成的声像材料、转录文字、注释文字、整理说明等。

⑤项目研究成果：根据口述访谈制作的视频、根据访谈内

容编写的文章和图书等。

对于口述档案的归档工作，首先根据口述档案材料的性质和数量选择是否确立全宗，以卷为单位进行归档，一位受访者的口述档案材料为一卷，并对卷内的口述档案材料进行分类排序，排列顺序可以按照口述转录稿、访谈场记、受访者的背景信息、受访者提供的辅助资料、口述访谈授权书、原始录音等。所有的材料应当做好分类归纳整理，应收尽收，一方面能够证明口述档案采集过程的真实性，另一方面也为后期利用打好基础。

2. 编写摘要

为了方便快速了解口述档案材料内容，需要对采集整理好的口述档案及资料编写摘要。摘要是对口述档案内容的简短概括，能够体现受访者口述的主要内容，通常包含受访者的基本信息、涉及的主要人物、讲述的主要事件、受访者的主要观点等内容。

3. 编制档案号

档案号是档案实体管理编号的总称。口述档案的档案号一般包括全宗号、类别号、件号，其格式为全宗号—类别—号件号。

4. 文件编目

编目是对同一卷口述档案材料进行卷内编写目录，根据整理好的档案材料顺序填写编制口述档案目录，方便后续利用过程中相关材料的查找。在同一类别中，应根据访谈流程的先后顺序排列档案文件，且对每一份档案文件按其排列次序用阿拉伯数字进行流水编号，同一位受访人所形成的所有口述档案材料应集中在一起作为一个保管单元。归档文件依分类方案和排列顺序逐件编号，在文件首页上端的空白位置加盖归档章并填写相关内容。归档章设置全宗号、年度、保管期限、件号等必备项。

5. 装盒

将编目后和排好顺序的整套口述档案放入档案盒中，按要求填写档案盒封面与盒脊，标明类目名称、受访人名称、全宗号、建档年度、保管期限等。

6. 制作副本

口述档案材料来之不易，为了更好地保存管理这些珍贵的档案资源，应当及时对整理好的口述档案材料选用合适的载体（例如光盘、磁盘、硬盘等）制作副本，做好备份保存工作。

七、声像资料整理

归档的声像资料必须在相应设备上演示或检测，确保运转正常，无病毒、无污渍、无划伤、文件完整、内容准确。归档使用的录音带、录像带、光盘的性能质量应符合有关规定，并达到归档要求。音像资料由文件形成部门标注说明，说明的项目包括内容、时长、受访者的姓名和身份，录制（拍摄）的时间和地点、制式、密级等。音频、视频的格式和分辨率应符合声像档案归档的相关要求。

口述音频、视频剪辑采用编辑合成软件对采集到的口述档案进行录音音量调节、去噪、录像剪辑等技术调整，成果导入媒体管理数据库。口述音像资料档案的整理要求参照声像档案的相关管理标准进行著录和存档。

八、数据库建设环节

在前期采集整理工作的基础上，对口述档案的文字、图片、录音、录像等内容进行分类处理，建立口述档案数据库，重点是口述档案材料的电子材料处理和元数据生成。各级档案机构应根据载体类型（硬盘、光盘），对口述电子档案进行科学规范的脱机管理；按《电子文件归档与电子档案管理规范》（GB/T 18894—2016）要求建立口述档案专题数据库，最大化实现口述档案的数字存储、数字处理、数字展示、数字传播。

电子材料处理主要是对口述档案所包含的电子文件材料进行编辑，形成适合数据库检索和利用的新文件格式，处理环节包括规范化处理、按类分割和有序存储三个阶段。经过电子材料处理的口述档案材料格式统一，能够量化数据库的数据规模并掌握口述档案电子材料的全文质量。

元数据生成阶段是整理的最后一个阶段，对于数据库的建设起到决定性作用，主要包括存储后档案的标引著录和数据的导入两个部分。其中著录工作是所有环节中消耗人力物力最多的环节，著录的质量直接决定了数据库检索、统计和利用等主要功能的使用效果。通常来讲，元数据描述项目越多，标引越准确，标引层次越丰富，粒度越细，越有利于后期获取口述档案内所蕴含的档案资源。

对数据库实行多套制和异质异地备份，防止因计算机硬件设备故障、人为操作失误、病毒侵入、黑客攻击及自然灾害等因素造成数据丢失和破坏。口述档案数据库的建设对于口述档案的开发利用具有重要作用，做好数据库的定期维护和更新，便于实现信息的共享。

实操指导

口述档案采集材料的整理要把握两点要求：一是真实性，二是独特性。采访者针对受访者的原始访谈资料，要肩负起记录历史真相的任务，对口述内容的历史还原进行一系列严肃认真的校核考证工作，坚持实事求是的原则，既不粉饰溢美，也不遮掩瑕疵。独特性是指口述档案整理不能张扬访谈者的文采，而是要体现受访者的特点。

在整理口述资料时发现，将口述记录与文字记载核对，大致会出现三种情况：口述记录与文字记载史实相符；口述记录与文字记载两者基本符合，小有出入；口述记录与文字记载两者大相径庭。前两种情况较好处理，对于第三种情况必须慎重分析判断，有所取舍，尽可能地接近历史原貌。

✧ 项目实例——抗美援朝老战士口述访谈整理

以编著团队承担的某街道抗美援朝老战士口述访谈整理为例，梳理口述档案，整理主要环节与关键点。现场口述采集结束后，进入访谈素材、资料的加工整理阶段。需要整理的材料包括：现场拍摄的视频素材、录制的音频素材、现场拍摄的照片（受访者人物照、工作场景照以及受访者提供的实物或老照片的翻拍等）以及场记文件等。

整理工作分为文字材料整理和视频材料整理两部分。

1. 文字材料整理，形成口述文字稿

在加工整理时尊重受访人的语言习惯、个人特点，风格上尽量保持原汁原味。

整理程序分为四步：第一步，根据录音尽数转化为可读性文字，形成原始稿。由于受访者普遍年龄较大，出现辨听困难，有的出现吞音、囫囵音等情况，也有的表达困难，需要配合手写等方式来表达自己的意思，因此，原始稿的形成需要反复根据录音和视频校核。此为"一校"。

第二步，根据访谈提纲梳理思路，将录音原始稿转化为条理清晰、逻辑顺畅的初加工口述稿，将存疑处标出，便于进一步查证，此为初审稿。由于受访者均为高龄老人，口述过程中伴随大量口语化表达，思路较为发散，表述过程跳跃性强，整理时既要保持史料的原始性，切忌主观删改；又要梳理其内在逻辑，结合时间轴，突出访谈中的亮点，重新整理内容，使之清晰可读。

第三步，主要是初稿校核，重点对存疑部分包括受访者提到的时间、地点、事件、人物等关键信息进行比对校核，通过查阅史料和赴档案馆、图书馆、军事博物馆等地方多维度进行考据，并请历史学等专家团队亲自指导，形成送审稿。此为“二校”。

第四步，项目团队将送审稿反馈给受访者，经受访者本人进一步审核完善，对存疑地方提出修改意见，经过至少三轮的沟通确认，形成文字定稿。此为“三校”。

口述文字材料加工整理基本流程如图5-1所示。

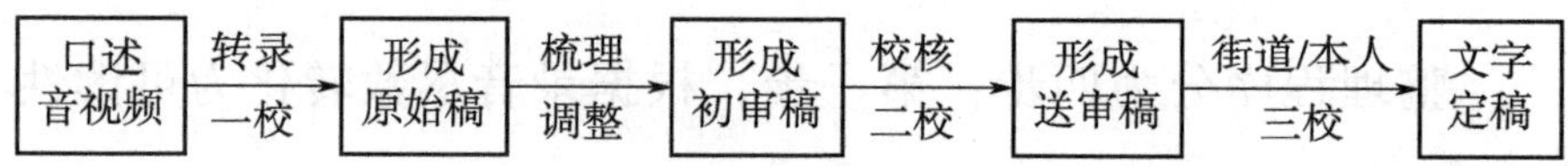

图 5-1　口述文字材料加工整理基本流程图

文字稿加工整理过程中的要点包括：①对受访者录音录像材料进行实事求是的整理，严格排除包含采集者个人倾向、误解、臆测等的语句，在整理时忌用主观价值取向决定原始口述史料的取舍和采集者个人的评论。②对能够证明口述档案史料真实性、权威性的实物材料进行分类整理，如受访者提供的实物翻拍而得的照片。③受访者有地方口音或不善于表达造成该录音不清晰或较难听懂的部分，需要经项目组多人反复辨听确认，必要时在文字材料中加入注释。

2. 视频材料整理，形成个人精编视频

视频原始材料是从拍摄设备中导出的视频原始素材，对其加工整理的步骤也分为四步。

第一步，对原始素材进行粗剪，主要是去除原始视频中与口述采集不相关的内容，如试拍、中途休息、环境杂音干扰等，形成原视频并编目保存。

第二步，在原视频的基础上精选受访者讲述的核心内容、精粹亮点等，设计每个人精编视频的框架与内容主题，形成个人精编视频的初稿。此环节是整个视频设计的关键点，其难点在于从大量拍摄视频素材中选取合适的内容。所选内容既要能反映受访者个人特点，又要兼顾内在逻辑、表达层次与效果。在确定每个人视频的设计框架与选取内容后，才能进入剪辑加工环节。

第三步，个人精编视频的剪辑加工。根据确定的设计框架与选取的内容，进行重新剪辑，并进行调音调色、配置背景音乐、制作字幕，加入特效动画、片头片尾等环节。此步骤对视频制作水平有较高要求。经过项目团队反复讨论，确定片头片尾的风格、选定不同阶段所用音乐。剪辑后的视频经过项目组至少三轮的审校和技术团队反复修改，形成样片。

第四步，邀请项目专家团队对视频样片从内容、技术、呈现效果等多个角度提出修改意见，反复修改，直至形成终稿。

口述视频材料加工整理基本流程如图5–2所示。

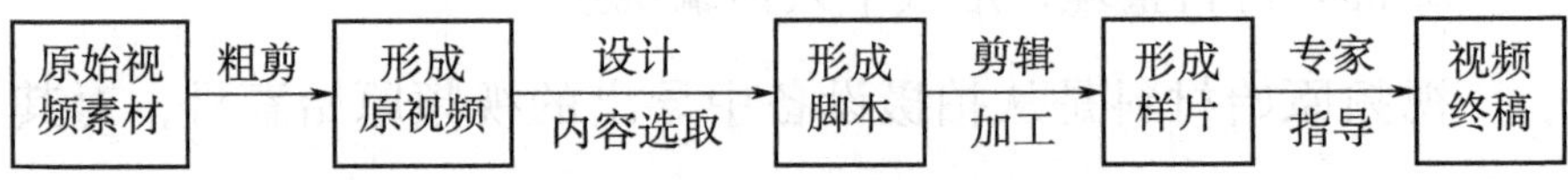

图 5–2　口述视频材料加工整理基本流程图

在视频加工整理过程中，主要难点有两方面，一是精编视频的框架设计，因为受访者中有沉稳干练的指挥员，有日夜坚守阵地、击退敌人疯狂进攻的战士，有冒着枪林弹雨、运送宝贵物资的驾驶员，有一边搞测绘一边为大家“扫盲”的文化教员，有把文艺节目送上阵地、为战士们加油鼓劲的文艺工作者，有争分夺秒、抬着担架飞奔的卫生员。视频力求既能够反映受访者的自身特点，又能从不同视角呈现伟大抗美援朝战场的恢宏场面。二是内容的选取与甄别，关于口述内容的真实性和准确度方面，受访者的记忆、自身观念、访谈时环境、心境、理解能力、表达能力等很多因素，影响其口述话语的真实性。因此，项目采集团队需要通过采集信息的相互验证（如参加过同一场战斗、同一个兵种等），多人互证，与文献资料、档案资料、博物馆展陈史料的印证，专家咨询查证等方式来甄别，进而选取视频内容。

实操指导

采集整理要求：对采集过程中形成的录音、录像、照片、纸质材料的整理方法应按照《归档文件整理规则》等相关标准执行；口述者有地方口音或由于其不善于表达造成采集不清晰或较难听懂的部分，应在文字材料中加注释，以备补录核实。口述采集中涉及国家秘密的内容按照《中华人民共和国保守国家秘密法实施条例》要求进行管理。

采集编号构成规则为：专题代码-主题代码-口述者-件号，其中“件号”采用阿拉伯数字，不足4位时要在前加“0”补位，组成项中间由“-”字符分隔开。永久保管期限用“Y”表示，定期30年用“30”表示，定期10年用“10”表示。例如，“宁夏档案馆-JS-SXKZ-口述者-2017-Y-0001”，该组代码标识的是一份宁夏回族自治区档案馆馆藏2017年度采集的专题为军事类、主题为绥西抗战、保管期限为永久、件号为0001的口述档案史料。采集编号应在采集成果封面右上角标注；形成的口述史料电子文件组件、分类、排列、编号、编目应符合《归档文件整理规则》要求。

根据《口述史料采集与管理规范》（DA/T 59—2017），口述史料电子文件通用格式要求：音频格式为WAV、MP3、AAC；视频格式为 AVI、MPEG、VOB、FLV、RM、ASF、MOV、WMV、MP4；照片格式为JPEG、TIFF；文本格式为PDF、TXT、

DOC、CEB、OFD、RTF；数据格式为DBF、EXCEL、XML等。口述史料电子文件命名包括文字材料、照片、音视频文件等。其命名方式遵循以下原则：根据采集编号命名；遵循每份口述史料同一格式电子文件命名的唯一性原则，即档号唯一性原则；科学建立口述史料电子档案存储路径，确保数据批量挂接的准确性。

口述史料由不同形式、不同类型、不同格式的载体和文件组成，主要包括录音带、录像带、数码录音、数码录像等音视频文件，以及纸质照片、数码照片；录音录像文字转录形成的电子文稿及已整理成文字的纸质材料。各级国家综合档案馆直接采集形成的口述史料，按采集流程和整理方式归档，并纳入馆藏；各级国家综合档案馆根据馆藏的实际情况，有计划地征集机关、团体、企事业单位及个人采集形成的口述史料进馆；各级各类专门档案馆直接采集形成的口述史料，按采集流程和整理方式归档，列入该馆馆藏；不属于向各级国家综合档案馆移交的，各机关、团体、企业事业单位、其他组织及个人采集成的口述史料参照国家相关标准进行管理。

保存方法常用本地存储和云端备份，本地存储使用NAS（网络附加存储）设备，RAID 5（一种磁盘阵列存储技术）阵列保障数据安全，定期校验文件完整性；云端备份则需要选择合规的服务商，启用版本控制功能。物理载体管理时，光盘使用防静电袋封装，直立存放；磁带每年倒带一次防止粘连。

存储环境温度：16—20℃，湿度：30%—50%。防磁、防尘、避光，定期检查载体老化情况。长期保存面临的挑战包括：技术过时的风险，建议每3—5年迁移一次存储格式，如从DVD（高密度视频光盘）转存至云端。根据载体寿命定期复制，磁带、磁盘寿命为10—30年，采用国际标准［如都柏林核心（Dublin Core）］确保元数据可读性。

第六章

人工智能对口述档案采集整理的影响

案例链接

案例1：国家档案局档案科学技术研究所、浙江省档案馆、科大讯飞股份有限公司《人工智能技术在音/视频档案整理利用中的应用研究》项目

档案是指人们在各项社会活动中直接形成的各种形式的具有保存价值的原始记录。除了纸质档案，还有许多视频、声像档案。2019年时，全国各大档案馆里视频、声像档案已经有4800多万GB（千兆字节）。可是，这些视频声像档案里究竟记录了哪些内容？保存、搜索、查阅起来却并不容易。2019年4月，国家档案局档案科学技术研究所、科大讯飞股份有限公司，联合成立国家级AI（人工智能）+档案联合实验室与浙江省档案馆签约。项目应用基于AI的语音识别和人脸识别技术实现音/视频档案的数据化处理、自动拆分著录和智能化检索。研发了音/视频档案转译文本引擎，积累了口述、战争、史料等领域的8000多个档案专业词语，提高了语音识别准确率。研发了音/视频档案智慧管理平台，包含自动著录、智慧管理、智慧存储、智慧利用等功能，以及适合口述档案采集的小型离线应用设备，可离线实现音频档

案采集记录、转写、著录等功能。系统处理1小时音/视频，10分钟可以完成数据化过程，极大提升了音/视频档案信息化管理质量和效率。实现了声像档案的全文识别和自动编目，支持“1∶n”人脸检测，关联输出视频及视频所在事件文本信息，盘活了音/视频档案。

案例2：安徽省阜阳市太和县档案馆音/视频智慧管理平台

安徽省阜阳市太和县档案馆于2019年启动数字档案馆建设，2020年建成数字档案馆。根据馆内音/视频档案的利用需求，依托语义解析技术、音/视频识别技术、人脸识别技术建成音/视频智慧管理平台。平台支持灵活的档案数据采集管理，可通过界面导入或第三方数字档案馆系统接口获取数据。针对口述档案等音/视频资源，利用音频转写技术及文本分析技术，支持对音/视频档案数据化结果的内容要素自动提取、人工标注、完成部分著录项的管理著录，还具备视频打点、拆条的功能。平台基于科大讯飞语音转写、人脸识别等人工智能核心技术，对档案馆馆藏声像档案进行结构化处理，通过技术应用让声像档案可以实现“以图找图、文字搜图、分帧查询”等一站式检索，通过音/视频档案收集与管理、拆分与自动著录以及一体化智能检索，真正盘活馆藏声像档案，使声像档案的归档利用更为便捷，解决了群众的声像档案查档难题。

知识要点

习近平总书记指出："人工智能是新一轮科技革命和产业变革的重要驱动力量，将对全球经济社会发展和人类文明进步产生深远影响。"人工智能最早在1956年就被提出了，英文缩写为AI，是一门研究、开发用于模拟、延伸和扩展人类智能的理论、方法、技术及应用系统的新技术科学，是对人的意识、思维的信息过程的模拟，其核心目标是使机器能够像人类一样"思考"和"学习"，从而自主执行各种任务。人工智能在语音识别、自然语言处理、机器学习、计算机视觉、知识图谱、机器翻译、大数据挖掘等方面的突破与应用，深刻改变着人类社会的方方面面，也为口述档案事业发展插上了数字翅膀。

人工智能也为口述档案采集带来新的机遇与挑战。人们用创新的眼光和开放的胸襟去探索人工智能在口述档案采集研究中的具体应用路径，让人工智能在采集、整理、保存、分析、传播等环节为口述档案采集与整理等研究工作赋能。在积极探索运用人工智能技术的过程中，应防止过度依赖技术带来的潜在风险：在利用人工智能技术进行口述档案采集整理过程中，一旦技术系统出现故障、软件升级问题或硬件损坏，可能会导致采集整理工作中断，甚至造成数据丢失，给档案工作带来严重影响。当前，人工智能技术发展迅速，相关软件和算法不断更新。如果档案部门不能及时跟进和更新技术设备与系统，可能会导致人工智能工具无法满足工作需求，或者与其他系统不兼容，影响口述档案采集整理工作的顺利进行。

一、人工智能对口述档案采集准备环节的影响

人工智能技术的发展，借助其强大的信息整合能力、自然语言处理能力和多模态交互能力，对创新档案治理理念、范式和路径，助力档案事业智慧升级产生深度影响。在口述档案采集准备环节，AI工具可以帮助快速提取历史档案中的时间、人物、地点，生成可视化知识图谱，开展文献自动化分析；还可以通过社交媒体、公开报道提供的数据，用AI生成受访者生平脉络图，开展受访者背景调研，帮助拟定个性化访谈提纲。在受访者联络方面，AI方言识别模型，如科大讯飞方言引擎，可以提前标注受访者方言类型，为转录团队配置对应语料库。在场景优化方面，AI驱动的摄像头可自动追踪受访者微表情，同步记录手势、情绪等非文字信息，进行多模态采集。AI还可以结合口述访谈主题，帮助项目团队在口述档案采集流程、经费预算等环节提供线索与思路。

二、人工智能对口述档案采集实施环节的影响

口述档案采集实施环节是口述档案采集的重要环节之一，是以访谈形式由受访者讲述亲历历史的环节。随着人工智能技术的发展，可以借助自然语言处理、知识图谱、情感计算等技

术开发虚拟访谈助理、对话式助理等人工智能系统，以人机对话的方式与受访者互动访谈，创新访谈模式。访谈过程中，人工智能技术可以根据受访者的特点自动生成、访谈环节中持续调整个性化访谈提纲，依据访谈进程实时调整访谈内容和顺序，使访谈更具针对性和灵活性。在营造沉浸氛围方面，虚拟现实和增强现实等沉浸式技术可以让受访者“穿越”回特定的时空情境，身临其境的体验感有助于激发受访者更多的记忆共鸣，从而获取更丰富、更准确的口述内容。

人们在运用人工智能技术并获得帮助的同时也应关注到新技术使用可能存在的局限性。例如，在口述访谈环节，由于人工智能系统难以像真实访谈者那样与受访者建立起情感联系，无法给予受访者充分的情感支持和人文关怀。这可能影响受访者的情绪和表达意愿，导致采集到的信息不够丰富和深入。

三、人工智能对口述档案整理保存环节的影响

在口述档案材料的整理方面，人工智能在语音识别与转录、文献校核等环节，能够显著提高效率与质量。智能语音识别程序可自动将口述音频转化为文本，并进行智能标点、分段、生成时间戳和说话人标记等处理，降低人工转录与校核的成本，大幅提高转录效率。人工智能技术在优化编目和索引方面，自然语言处理和知识图谱技术通过命名实体识别、关键词提取、主题聚类等算法，能够自动识别和提取口述史资料中的主题、

关键词、人名、地名、时间等重要信息，按照预定义的规则和标准生成元数据，建立资料目录和索引，方便对口述档案进行快速检索和分类管理。在口述档案资料的保存环节，海量口述资料的数字化保存面临诸多挑战，如存储空间不足、检索效率低下与数据安全隐患等。人工智能为破解这些难题提供了新的方向，智能化的数据压缩和存储技术可以大幅降低口述资料的存储成本；区块链技术等可以为相关资料提供更加安全可信的存储环境；人工智能可以自动提取口述资料的语义特征，构建多维度、细粒度的索引，实现智能化检索，提升其利用效率。总之，人工智能技术的有效应用能够助力海量口述资料的长期保存和智能化管理，从技术层面延续了口述档案史料的生命力。

尽管人工智能技术飞速发展，人们仍然需要关注新技术运用过程中可能存在的不足。在转录环节，虽然语音识别技术在不断进步，但仍存在可能识别错误的情况，尤其是对于方言、口音、语速较快、表述模糊或涉及专业术语、生僻词汇的口述内容，可能会导致转录文本出现错误。人工智能系统对自然语言的理解能力还可能存在偏差，难以完全准确地把握口述内容中的复杂语义、情感色彩、文化背景等信息，在对采集到的口述信息进行分析和整理时，可能影响档案整理的质量。在口述档案的整理环节还需要关注受访者的个人情感、主观态度以及历史背景等因素，而人工智能在整理过程中，更注重客观数据和标准化处理，难以顾及更多主观因素，可能影响档案整理中不同访谈对象的独特价值。在数据安全方面，口述档案通常包含受访者的个人隐私和敏感信息，人工智能系统在采集、整理和存储这些数据过程中，若数据存储系统存在漏洞或被黑客攻击，可能导致数据泄露，侵犯受访者的隐私权。如果对人工智能系统使用的数据管理不善，可能会出现数据被滥用的情况，如未经授权将口述档案数据用于其他目的，将损害受访者权益。

四、人工智能对口述档案开发利用的影响

在口述档案史料的开发利用环节，人工智能提供了新的研究工具和方法，有助于开辟口述史料研究的新路径。传统的口述档案史料研究中依赖于研究者的历史文化功底，而人工智能技术的引入为口述档案史料的开发利用提供更多定量分析和数据驱动的研究工具和方法。口述史料智能化解析的自然语言处理技术，能够帮助研究者发现口述史资料中隐性知识和深层关系的知识图谱，帮助研究者从中发现有价值的模式和趋势，进行数据挖掘和机器学习。

在口述档案史料的利用与传播环节，人工智能技术能够创造更加大众化、交互式、沉浸式的口述体验模式与途径，通过沉浸式现实、虚拟人、体感交互等技术，打造身临其境的体验感；人工智能系统的智能推荐技术可以采集用户的浏览行为、兴趣偏好等数据，利用协同过滤、内容过滤等算法，自动推送相匹配的口述史料内容，实现精准传播。

人工智能技术不仅是口述档案史料分析的工具和方法，更是口述档案史料研究方式转变的催化剂，将推动口述档案研究从传统模式向数据密集型、技术驱动型转变。然而，我们也清醒地认识到，人工智能技术在带来重大机遇的同时也带来了诸多挑战，比如，如何确保口述档案的真实性，如何保护著作权、隐私权，如何避免数据泄露与滥用风险，如何避免算法模型的偏见和误读，如何平衡技术应用与人文关怀等。这些都是口述档案研究过程中，在拥抱人工智能的同时必须慎重对待的问题。面向未来，我们既要借助人工智能提高研究水平和创新能力，也要坚守档案人的职业操守，探索研究新技术，为口述档案工作提供更高效、便捷的手段，提升口述档案工作的质量和水平，更好地保存和利用口述档案资源。未来，人工智能技术将会更加深入地推动口述档案史料研究的全方位创新，让口述档案事业焕发出新的生机与活力。

实操指导

一、AI 应用于口述档案采集

1. 自动化语音识别与转录

人工智能工具（如Otter.ai、讯飞听见）可同步将语音转为文字，准确率达90%以上，并支持中文方言、少数民族语言等的实时转录。通过自然语言处理（NLP）标记受访者的情绪波动，如激动、愤怒、悲伤等，辅助研究者定位关键片段，进行情感分析。美国的大屠杀纪念馆使用AI转录幸存者证言，将原本耗时数周的转录缩短至数小时。

2. 智能访谈辅助

人工智能技术能够基于受访者背景，AI生成个性化提问建议，模拟访谈者的逻辑进行提问；在访谈过程中，运用AI分析关键词密度，监测访谈是否偏离主题，可以及时提醒采访者，实现实时纠偏功能。如英国国家档案馆试点使用AI助手，帮助新手采访者优化非遗代表性传承人访谈流程。

二、AI 应用于口述档案整理

1. 自动化分类与标签化

运用AI技术进行语义分析，将海量访谈按主题自动归类，如“战争记忆”“传统工艺”，实现自动分类与标签化；通过自动提取人名、地名、时间等关键信息，生成结构化元数据，实现主题类聚与识别。如中国国家图书馆使用AI对非遗口述档案进行标签化，检索效率提升70%。

2. 内容深度挖掘

运用AI技术分析多人口述中的关联事件，生成历史人物或事件的关系图谱。通过对比不同受访者对同一事件的描述，可以标记潜在矛盾点供人工核查。如项目团队在进行抗美援朝老战士口述史料整理时，发现两位口述者描述的同一场战役在时间上有偏差，最后经反复查考历史文献予以校核确认。

3. 多模态档案整合

运用AI技术进行音/视频同步分析，识别受访者手势、情绪等，将语音、画面、文字相关联。AI虚拟修复功能修复低质量录音或模糊的影像，例如，日本国立民族学博物馆用AI修复20世纪60年代琉球民谣口述录音，还原濒危方言发音。某馆利用AI语音修复技术，将抗美援朝老兵模糊录音清晰化，经家属授权后，生成中英文字幕。

三、AI 应用于口述档案保存与利用中

1. 智能长期保存

运用AI监测技术过时风险，发出格式迁移预警，如预测DVD（高密度数字视频光盘）淘汰时间，自动触发格式转换，如澳大利亚国家档案馆使用AI预测磁带老化周期，提前5年启动数字化迁移。此外，通过区块链与AI技术结合，实施数据完整性校验，实时监控档案篡改风险，保障档案安全。

2. 个性化知识服务

运用AI智能检索技术，可以提供更加个性化的知识服务，如语音提问“展示1980年上海纺织女工的口述记录”，AI即可跨模态匹配结果。虚拟数字人（Virtual Digital Human）是指通过计算机技术和人工智能技术创建的具有人类外观、行为和交互能力的虚拟角色。AI可以基于口述档案生成虚拟历史人物，实

现虚拟数字人交互，如AI驱动的“数字顾颉刚”讲解民俗，大英博物馆推出AI导览，调用口述档案回答游客关于展品历史的提问。

四、AI 技术应用的挑战与应对

人工智能时代，AI技术让档案管理更智慧，档案工作者在保持开放和包容的心态，积极探索与创新的同时，也要关注AI技术使用存在的局限性以及带来的风险与挑战。例如在语音识别方面，由于方言、口音识别误差，如粤语与普通话混合录音，可能造成语境理解偏差，甚至引发历史术语的语义误判。一方面，可以建立方言数据库训练专用模型；另一方面，要辅以人工校对，正向反馈AI的迭代学习，提升智能化水平。在新技术运用过程中，为保证数据安全，原始录音文件存储于国产加密服务器，禁止接入外网。数字化副本需添加水印，标注“本档案经技术修复，原始文件存于××档案馆，编号×××”，保障档案真实性。

新技术的运用是把“双刃剑”，还可能引起伦理与法律风险，如深度伪造（Deepfake）技术可能篡改口述内容；AI从零散信息推断受访者身份，带来隐私泄露风险等。为解决此类问题，可以通过制定AI伦理规范，约束AI在档案领域的应用；采用区块链存证技术保证档案原始真实。在口述档案研究过程中，建议避免过度依赖AI技术，发挥人的专注价值，通过人机协同模式，借力AI处理基础工作、多元化训练数据，保证研究者的主体地位。

总之，人工智能技术为口述档案工作带来效率革命与价值延伸，但其应用需以技术可控性和人文伦理为前提。未来，AI不应取代人类在口述档案中的核心角色，而应作为“智能助手”，助力保存更真实、更多元的人类记忆。

参考文献

［1］蒋琳. 国外口述档案工作对我国的启发［J］. 兰台内外，2021（11）：70–72.

［2］刘慧鑫. 口述档案参与社会记忆建构的实践探索——以河北援鄂医疗队抗疫口述档案采集为例［J］. 档案天地，2020（8）：54–56.

［3］杨静. 基于口述档案的社会记忆构建研究［J］. 档案，2022（5）：50–54.

［4］黄琴，华林，侯明昌. 论亟待保护抢救的云南民间少数民族口述历史档案［J］. 档案学通讯，2009（1）：91–93.

［5］继卫. 口述档案［D］. 档案天地，2019（03）：1.

［6］糜栋炜. 国家综合档案馆何必越俎代庖——探讨从事口述历史的合理性［J］. 北京档案，2007（02）：20–21.

［7］韩良. 口述档案与社会记忆构建关系再思考——基于“历史真实性”视角［J］. 档案与建设，2018（04）：18–20+17.

［8］张威. 浅谈档案馆口述档案的价值及征集途径［J］. 北京档案，2013（05）：19–21.

［9］雷晓蓉，赵弘磊，安琪. 关于口述档案管理工作的几点思考［J］. 黑龙江档案，2021（05）：50–51.

［10］潘玉民，叶徐峥. 论口述历史档案是档案的理由［J］. 北京档案，2016（05）：14–17.

［11］刘耿生. 档案开发与利用教程［M］. 北京：中国人民大学出版社，2010：63.

［12］邓小军，左玉河. 做口述史要有紧迫感和奉献精神——访中华口述历史研究会秘书长左玉河［J］. 中国档案，2006（01）：22–24.

［13］刘淑玉，陈才. 海南红色档案资源信息系统的开发与旅游利用［J］. 兰台世界，2014，445（23）：104–105.

［14］王英玮.《口述史料采集与管理规范》内容及存在问题探讨［J］. 北京档案，2019，338（02）：22–27.

［15］陈蕾. 口述档案采集流程分析［J］. 兰台世界，2020，567（01）：49–51.

［16］荆欣，刘国华，武利红. 口述档案相关概念辨析及开发利用原则探微［J］. 档案管理，2019，240（05）：23–25.

［17］韦桥明. 科技口述历史档案采集项目研究［D］. 南京：南京大学，2016.

［18］唐纳德·里奇. 大家来做口述史［M］. 北京：当代中

国出版社，2006.

［19］蒋萍萍. 口述档案采集工作的探索实践［J］. 文化创新比较研究，2018，2（32）：142+148.

［20］吴静. 如何做好口述档案的采集工作——以上海小三线建设的采访经历为例［J］. 兰台世界，2015，472（14）：49–50.

［21］首小琴. 我国档案馆口述档案资源采集模式及其比较［J］. 北京档案，2018，330（06）：29–31.

［22］赵局建，康鑫. 我国口述档案研究综述［J］. 兰台世界，2010，305（10）：26–27.

［23］蔡丽娟，向禹. 基于文献计量法的我国口述档案研究热点分析［J］. 资源信息与工程，2020，35（06）：154–158.

［24］刘慧鑫. 口述档案参与社会记忆建构的实践探索——以河北援鄂医疗队抗疫口述档案采集为例［J］. 档案天地，2020，316（08）：54–56.

［25］雷鲁嘉. 我国少数民族口述档案的采集及其保障研究［D］. 南京：南京大学，2018.

［26］王巧玲，周玲凤，梁传靖，等. 对口述档案采集工作的理论思考——以北京地区丝绸老专家口述档案采集实践为例［J］. 北京档案，2020，351（03）：13–16.

［27］王建斌. 上海市普陀区档案馆开展口述档案征集工作［J］. 兰台世界，2012，372（22）：58.

［28］庞晨. 北京西城区采集老干部口述档案展现发展历程［N］. 中国档案报，2019-4-4（各地动态）.

［29］徐早祥. 湖北省档案馆为“时代楷模”张富清录制口述档案［J］. 中国档案，2019，548（06）：11.

［30］熊爱桃. 云南省档案局到曲靖市开展抗战老兵口述历史访谈及大学生梦想采集工作［N］. 中国档案报，2019-4-8（要闻）.

［31］王瑜，陈亭宇. 追寻先烈足迹 留存英雄记忆——辽宁省档案馆抗美援朝老战士口述档案采集工作纪实［J］. 兰台世界，2020，578（12）：177.

［32］张敬煜. 朝阳区档案局召开2017年档案移交工作培训会［J］. 北京档案，2017，315（03）：61.

［33］刘宇洁. 关于用展览讲述红色故事的探索与实践——以武汉革命博物馆为例［J］. 中国纪念馆研究，2020（2）：53-56.

［34］徐海静，姜惠丹. 数字记忆视角下红色档案资源开发模式构建探析［J］. 山西档案，2021（5）：136-142.

［35］尹庆达. 莱州市档案局积极挖掘整理红色文化档案［J］. 山东档案，2015（1）：82.

［36］徐磊，任谢元，刘纯善. 山东抗日根据地红色历史档案的整理与利用——以沂蒙地区“大鸡烟社”为中心的考察［J］. 中共济南市委党校学报，2019（6）：96-100.

［37］张雪峰. 北京房山区档案馆首次采集老党员红色口述档案［J］. 兰台世界，2012（25）：54.

［38］梁雪花.《红色档案·云南中共党员口述历史》微视频首发仪式在云南日报报业集团举行［J］. 云南档案，2021（3）：8-9.

［39］欧阳慧. 试析红色口述历史在党员干部理想信念教育中的运用［J］. 中国井冈山干部学院学报，2018，11（4）：140-144.

［40］王鑫. 用口述历史档案讲好党史故事——以抗美援朝口述历史纪录片《铭记》为例［J］. 档案与建设，2022（8）：68-69.

［41］谭卓玉，曹航. 红色口述档案采集刍议［J］. 档案，2022（6）：61-64.

［42］王鹏，肖波，王霞. 新加坡口述历史中心口述史项目的亮点与启示［J］. 中国档案，2021（06）：74-75.

［43］郑慧，农扬宇. 红色档案：认知、交集与辨析［J］. 档案管理，2021，251（04）：19-21.

［44］林珊. 统编本《中国历史》（七年级）文字史料运用研究［D］. 上海：上海师范大学，2019.

［45］徐国英. 云南少数民族口述档案及其保护研究［D］. 昆明：云南大学，2013.

［46］国家级非物质文化遗产代表性传承人抢救性记录工程

操作指南（试行本），2016.

［47］陈子丹. 云南少数民族口述历史档案研究［M］. 昆明：云南大学出版社，2015：104.

［48］李涛. 论口述档案的搜集［J］. 档案学研究，2008：5.

［49］华林. 档案管理学新论［M］. 北京：中国社会科学出版社，2010：119.

［50］丁钰镔.《口述史料采集与管理规范》解读［J］. 中国档案，2018：10.

［51］《国家档案管理标准汇编》，2019-12-25，http：//www. docin. com/p-68631338. html.

［52］雷鲁嘉. 我国少数民族口述档案的采集及其保障研究［D］. 南京：南京大学，2018.

［53］潘未梅，韩禹荣. 人工智能技术赋能我国档案工作发展的现状与建议［J］. 档案与建设，2024（7）：72-78.

［54］马仁杰，邓齐凤. 论人工智能技术在我国档案工作中的应用［J］. 档案管理，2024（2）：84-87.

［55］杨祥银. 提高人工智能时代口述史研究水平［N］. 人民日报，2024-7-29（9）.

［56］Diana del Pilar Novoa Sanmiguel，Diego Andrés Escamilla Márquez. Start-up of a memoir place in Bucaramanga：The experience of the Oral Archive of the Victims' Memoirs［J］. Hallazgos，2019，16.

[57] (Co) Constructing Public Memories: Interdisciplinary Approaches to Creating Born-Digital Oral History Archives [J]. Collections: A Journal for Museum and Archives Professionals, 2017, 13 (2).

[58] Gaana Jayagopalan. Orality and the Archive: Teaching the Partition of India through Oral Histories [J]. Radical Teacher, 2016, 105.

附录

附录 1

口述档案采集对象基本信息表（样例）

项目		内容		
基本信息	姓名		曾用名	
	性别		民族	
	籍贯		出生年月	
	学历		使用语言	
	工作单位		户籍所在地	
	联系电话		电子邮箱	
人物主要履历				
结合访谈主题	概要			

附录 2

口述档案采集团队工作人员信息表（样例）

序号	姓名	性别	出生年月	职称	工作单位	工作分工	联系电话

注："工作分工"一栏填写项目负责人、访谈人、摄影（摄像）、录音、翻译、文稿速记、文稿校对、文字转录等。

附录 3

口述档案采集工作保密协议（样例）

甲方：________________

乙方：________________

鉴于乙方对甲方的口述采集项目提供服务，为保护甲方的政务秘密，乙方的技术秘密，根据国家法律法规的有关规定，经友好协商，双方签订如下保密协议：

一、保密的内容

涉及保密的信息是指一方专有的不为外界所公知的各类信息，信息的形式可以是书面的、口头的、图形的或在其他介质上的。

甲方涉及的秘密信息包括但不限于：甲方提供的人物信息，或在本次服务过程中产生形成的衍生成果，包括但不限于项目信息、素材片、样片等与本次服务相关的成果及信息，以及甲方需要保密的其他信息和乙方获知的与本次服务无关的其他甲方信息。无法标明的信息在透露给甲方或乙方前应声明是专有信息，并进行书面记录。

二、保密信息使用的范围

1.乙方只在此次服务需要时才能使用甲方提供的秘密信息，

乙方应将甲方提供信息的使用权限，限制在与本次服务有关的工作人员，乙方应当与前述人员签署保密协议，并确保其工作人员在本协议履行期限内或人员离职后仍在保密期限内承担保密义务。

2.甲方应将乙方在此次服务中使用到的信息限制在与本次服务有关的人员范围内。

三、保密义务

1. 双方应严格遵守保密规定，未经对方许可不得主动获取与本次工作无关的信息；

2. 未经对方书面同意，不得向不承担保密义务的第三人披露秘密信息；

3. 未经对方书面同意，不得许可或协助不承担保密义务的第三人使用秘密信息；

4. 如无对方书面同意，任何一方不得向第三方转让秘密信息；

5. 未经甲方书面同意，乙方不得向与本次服务无关的乙方人员披露所获知的甲方全部秘密信息；

6. 除因本次服务需要外，乙方不得使用甲方提供的或在本次服务过程中获知的秘密信息；

7. 如发现上述秘密被泄露或因一方过失而泄露，泄露保密信息的一方应当采取有效措施防止泄密进一步扩大，并及时向对方报告；

8. 其他保密义务。

凡未经甲方书面同意，乙方以直接、间接、书面、口头等形式为第三方提供、向第三方泄露或为本合同之外的目的使用上述内容的行为均属违反保密义务的行为。

四、本合同项下的保密义务不适用于如下信息：

1. 已公开发表，或已为公众所知的信息；

2. 已书面授权公开的信息；

3. 获取的信息属于乙方通过合法手段从第三方合法拥有的，且在未受到任何限制的情况下获得的；

4. 根据法律法规、司法或行政命令的要求向有关国家机关提供他方提供的秘密信息。

上述第4种情况下秘密信息乙方必须事先获得甲方同意，且已向资料接受者申明该信息的保密要求，并须保证该秘密信息接受方不会泄露所知悉的秘密信息，如秘密信息接受方泄露秘密信息，则视为乙方违反本协议的保密义务。

五、保密期限

甲、乙双方确认，乙方的保密义务从本协议签署之日起生效且长期有效。乙方的保密义务期限自当事方接触到秘密信息之日起，直至接到对方书面通知，或保密信息已合法进入公知领域。

六、违约责任

1. 如果乙方不履行本协议第三条所规定的保密义务，每出现一次，乙方应向甲方支付合同总价款5%的违约金；给甲方造成损失的，乙方还应当赔偿甲方的全部损失。情形严重的，甲方有权解除合同。如因乙方违约引起甲方或乙方与三方的争议，由乙方负责解决，并承担一切费用和损失。乙方赔偿不超过合同总金额。

2. 因乙方的违约行为侵犯了甲方的合法权益，甲方可以选择根据本协议要求其承担违约责任，或者根据国家有关法律、法规要求其承担侵权责任。

七、争议的解决

甲乙双方友好协商解决本协议中的争议。协商不成的，任何一方均应向甲方所在地有管辖权的人民法院提起诉讼。

八、协议的效力和变更

1. 本协议的任何修改必须经过双方的书面同意，本协议的补充协议与本协议具有同等效力。

2. 本协议一式陆份，甲方执叁份、乙方执叁份，具有同等法律效力。本协议经甲、乙双方签署并盖章后即生效。

甲方（签章）：	乙方（签章）：
时间：	时间：

附录 4

口述档案采集工作方案及预算表（样例）

项目名称			
采集时间			
采集地点			
采集设备			
具体采集计划			
成果预期			
经费支出明细			
预算项目明细		金额	说明
拍摄沟通与准备	交通费		
	资料收集整理费		
拍摄采集环节	设备租赁费		
	外聘人员劳务费		
	受访者报酬		
	差旅费		
整理保存	转录加工费		
	视频剪辑制作费		
	成品制作费		
专家咨询及劳务费			
总计			
备注			

附录 5

口述档案访谈提纲（样例）

案例1：高校教学名师/离退休老教师
学科建设发展历史口述采集

一、您个人经历及取得的成就情况

1. 您是什么时候到某某大学学习的？读的是什么专业？（进修情况）

2. 在读书期间师从何人？他们对您的成长和发展有何影响？

3. 在您读书期间，您所读的专业开设了哪些课程？

4. 您是什么时候到某单位从事教学工作的？主要从事的是哪个学科？

5. 在任教期间先后主要讲了哪些课程？该门课在当时的该学科建设中处于什么地位？

6. 主编或参编了哪些教材？这些教材在当时学科建设中所起的作用和当时所处的地位如何？

7. 编写了哪些课程的教案？有保留下来的吗？

8. 您在单位担任过什么行政职务，当时是如何抓学院学科建设的？

9. 您在某某大学哪些部门工作过，主要的工作任务是什么？

10. 您在学术领域参加过哪些学术团体和学术机构的职务？担任过哪些职务？

11. 在从事教学工作中，您的教学方法和特点是什么？有哪些效果？

12. 您在教学、科研上获得了哪些奖励（成果包括奖状、证书、参编或主编的教材、专著等）？

13. 您对档案馆的发展，建设有什么建议？

二、您所在学科的建设发展情况

14. 当时您所在的系设置了哪些课程？

15. 当时您使用的是哪些教材？翻译使用了哪些课程的国外教材？

16. 当时的教育理念和方法有什么特点（如教材的深浅、实验环节的要求等）？

17. 在您工作期间，您知道的您所在学科或系上的教学课程内容有哪些变化？

18. 您方便提供实物资料（奖状、证书、教案、编写的教材等）拍照，或愿意捐赠宝贵实物档案资料吗？

案例2：中关村创新创业口述史（1999—2009年）
通用访谈提纲框架

一、受访者自我介绍

1. 您的姓名、主要工作经历。

2. 您来到中关村工作的时代背景、主要工作经历、主要分管或者参与的工作有哪些？

二、请您结合访谈主题进行分享

1. 时代背景。

2. 该项任务的主要历程或工作阶段、主要困难及解决办法、关键细节、参与人员等；形成的工作机制、对中关村建设发展的影响等。

3. 您在中关村科技园区工作期间难忘的、记忆深刻的经历有哪些？（请选择1—3项即可）

三、您认为中关村科技园区建设时期（1999—2009年）最主要发展变化有哪些？您如何评价中关村科技园区建设时期对中关村发展的贡献和影响？

四、您对中关村精神的认识和理解

1. 请说说您理解的中关村精神。

2. 您认为中关村精神产生了怎样的影响？

附录6

协助开展口述档案采集工作的函（样例）

关于请协助开展口述档案采集工作的函

××单位：

根据某某项目口述档案采集工作安排，经某某单位（上级单位）同意，拟于××月至××月开展××口述档案采集工作，目前进入访谈人物邀请与沟通准备环节，专此函达，诚请帮助联系邀请拟访谈对象，协助开展访谈前期沟通联络工作。请做好相关配合工作。

一、工作时间

二、工作内容

三、工作人员

四、相关事宜

附件：×××口述档案采集项目访谈目录

联系人：×××，电话×××××××××××

口述档案采集部门

××××年××月××日

附录 7

口述档案访谈记录单（样例）

访谈主题：

<table>
<tr><td>日期</td><td></td><td>起止时间</td><td></td></tr>
<tr><td>地点</td><td></td><td>受访人</td><td></td></tr>
<tr><td>采访人</td><td></td><td>摄像</td><td></td></tr>
<tr><td>拍照</td><td></td><td>场记</td><td></td></tr>
<tr><td>其他参与人员</td><td colspan="3"></td></tr>
<tr><td>主要内容</td><td colspan="3"></td></tr>
<tr><td rowspan="3">初步成果</td><td>照片（张数）</td><td></td><td></td></tr>
<tr><td>摄像（时长/GB）</td><td></td><td></td></tr>
<tr><td>实物/其他</td><td></td><td></td></tr>
</table>

后　记

伴随着数智化时代，档案领域正经历着深刻的挑战与变革。口述档案作为一种承载丰富情感、鲜活记忆与珍贵历史片段的独特档案形式，其价值越发凸显。口述档案采集是一项兼具人文关怀与技术理性的实践，既是对历史碎片的打捞，亦是对当代责任的回应。高校档案工作者肩负落实立德树人根本任务、培育时代新人的重要使命，也是历史的守护者、文化的传承者。北京联合大学口述史团队近年来承担了北京市档案馆委托的《老党员讲党史》项目、北京市西城区新街口街道办事处《抗美援朝老战士老同志口述史》项目、北京市政协科技委员会委托的《奋楫争流——中关村创新创业口述史（1999—2009）》以及校内多个口述档案采集项目。项目团队由来自档案（校史）馆、师范学院、应用文理学院等多部门和学院跨专业融合的几十名师生组成，项目研究过程也是对参与师生的思政教育，项目成果为学校开展大思政教育提供丰富的内容和素材。姜素兰担任图书情报专业档案现代化方向硕士生导师，指导徐莹钰的硕士学位论文《基于记忆建构的口述红色档案采集整理流程研究——以“抗美援朝老战士口述档案采集”项目为例》获评校级优秀毕业论文。

编写团队是一群对档案事业满怀热忱与追求的高校档案工作者，自2002年尝试开展口述档案采集以来，团队在宝贵的实践经历中积累了大量口述档案资料，同时也在实践过程中洞察口述档案从策划筹备、访谈实施到整理归档等环节面临的问题与挑战。团队成员结合理论指导与实践操作，组织编写《口述档案采集整理实践操作指导手册》（以下简称《手册》）一书，立足实践经验，结合国内外前沿理论，编写团队按照口述档案采集的时间逻辑，内容覆盖口述档案采集的规划与设计、前期准备、采集实施与整理保存等内容，提出比对印证的逻辑与方法，每个章节通过案例链接、知识要点、实操指导三个部分进行设计，力求将理论阐释与实操指南无缝对接。《手册》还结合前沿科技，探索人工智能技术对口述档案采集各环节的影响，倡导以AI作为“智能助手”，助力保存更真实、更多元的人类记忆，有助于从业者以敬畏之心聆听受访者的心声，以专业之力留存最真实的时代印记。

在此，我们衷心感谢每一位参与口述档案项目的受访者，是他们毫无保留的分享，赋予口述档案灵魂与生命。感谢北京市档案局、北京市档案馆、北京市政协科技委等部门在口述项目开展过程中的信任与支持。《手册》亦是北京市档案局科研项目《基于红色文化保护的口述档案采集与整理研究》（项目编号：2021-14）的成果之一。编写团队成员主要由北京联合大学档案（校史）馆党支部党员骨干组成，《手册》成果也是党建引领支部建设，推进北京市样板党支部建设的成果之一。

虽然《手册》已编写完成，但我们深知它并非尽善尽美。口述档案领域不断发展变化，新问题、新挑战层出不穷。我们真诚希望广大读者对本《手册》提出宝贵意见与建议，让我们能够不断完善和提升，为口述档案事业发展贡献更多力量。这本《手册》只是我们在口述档案研究道路上的一个阶段性成果，未来，我们将继续秉持对事业的热爱与执着，在口述档案实践与研究中不断探索前行，与更多口述档案从业者合作前行，共同为传承和弘扬中华民族优秀文化与历史记忆贡献力量。